「通貨」の正体

浜 矩子
Hama Noriko

a pilot of wisdom

はじめに

この本のテーマは通貨である。とても古いが、改めてとても新しくなりつつあるテーマだ。そもそも、通貨とは一体何ものか。通貨は、いつ、なぜ、どうやって通貨になるのか。通貨を通貨たらしめる条件とは何か。

これらのことは、経済分析というものの永遠のテーマだと言っていい。そして、常に新鮮なテーマでもある。なぜ、古いのに新しいのか。なぜ、永遠なのに新鮮なのか。通貨の正体を改めて追究するには、今が絶好のタイミングだと思う。

というのも、今、我々を取り巻く経済環境の中で、通貨というものが実に得体の知れない変貌を遂げていく可能性がチラチラみえてきているからだ。

このチラチラ模様の中で、特に目立ち始めているのが、ビットコインをはじめとするいわゆる「仮想通貨」だ。そしてチラチラというよりは、チカチカとあやうい明滅ぶりを示しているのが、「合成通貨」のユーロである。「電子マネー」と「仮想通貨」という二つの概念が、我々の前で演じてみせる奇妙なロンドも、その行き着く先がとても気になる。

そうした中で、「従来通貨」すなわち国々の法定通貨群にも、実に奇妙なことが様々起こり始めている。その一つがマイナス金利現象である。カネを借りるために、いくらカネを支払う必要があるか。それを示すのが金利だ。つまり、金利はカネの値段にほかならない。ところが、国々の金融政策がなにかと試練にさらされる中で、そのカネの値段にあえてマイナスの値をつけるというようなことも起こり始めている。

後ほど詳しくみていくが、通貨の暗号化という現象も出てきた。こんな奇異な世界に踏み込んでいく中で、我々と通貨の関係は今後、一体どうなってしまうのか。

かくして、通貨的怪異現象があちこちで、そして様々な形でグローバル経済を覆いつつある。この状況が意味するところは何か。我々はこうした今日の通貨状況をどのように理解し、どのように受け止めればいいのか。

グローバル時代を通貨の観点から考える――。この本を通じて、この大それたテーマに挑んでみたいのである。かなりの大仕事になりそうだ。じっくりお付き合いいただければ誠に幸いである。

目次

第二章　嘆きの通貨、ドルの行方

第五章　幻の通貨　バンコールが夢見たもの——115

第一章　バラと通貨はどう違う？

▼名前って何?

通貨の正体を見極める旅に出るに当たって、まずは準備が肝要だ。しっかり足固めをした上で出発しなければいけない。準備不足状態で、アタフタと旅立つのは危険だ。先走ってゴールへの最短コースを見定めようと焦るのも禁物だ。かえって、方向感覚を失うことになる。少々の道草や迷い道は恐るるに足らず。だが、準備不足はいけない。準備さえ怠りなければ、道草も迷路入りも、本当のゴールの発見に役立つことがある。

さてそこで、今回の旅に必要な準備の内容はどのようなものか。それは、ひとまず現時点で、我々が通貨というものについてわかっていることを改めてしっかり整理しておくことである。

グローバル時代の通貨とは何かを見極めることが、今回の旅の目的だ。その目的を首尾よく果たすためには、今日までの展開の中で通貨を通貨たらしめてきたものをしっかり見定めておく必要がある。通貨の基本を押さえずして、通貨の今はわからない。ここが準備の勘所だ。

通貨の基本とは何か。それを考えるに当たって、次のフレーズを皆様と共有させていただきたい。

「名前ってなに？　バラと呼んでいる花を別の名前にしてみても美しい香りはそのまま」

ご存じの方が多いだろう。シェイクスピア大先生の筆になる悲恋物語、かの『ロミオとジュリエット』（小田島雄志訳、白水Uブックス、一九八三年）の一節だ。

モンタギュー家とキャピュレット家は宿敵同士だ。それぞれの一人息子ロミオと一人娘ジュリエットが一目惚《ひとめぼ》れの恋に落ちる。恋しい人は恋しい人。名前なんか関係ない。モンタギュー家のロミオであろうが、何家のロミオであろうが、私の恋人は私の恋人に変わりない。バラに託して、ジュリエットがその心情を吐露する名場面だ。

このジュリエットの恋人宣言と、通貨の基本との間に、どういう関係があるのか。ジュリエットの宣言から、通貨の基本の何が読み取れるのか。実は、とても重要なことが読み取れる。それは、通貨に関してはバラのようにはいかないということである。

バラはバラという名前のおかげで美しいわけではない。バラはバラという名前だから香り豊かなわけでもない。誠にもって、ジュリエットさんのご明察のとおりだ。

バラという名前に意味はない。漢字で薔薇《ばら》と書けば、確かにちょっと素敵だ。ミステリアスな香りがしそうに感じたりする。だが、バラを薔薇と書いたからといって、実際に香りに違いが生じるわけではない。バラではなくて、バスという名前になっても、バラの香りは変わらない。

▼通貨にとっては名前が全て

ところが、こと通貨に関して言えば、そうはいかない。通貨は、人がそれを通貨だと認定しなければ、通貨にならない。通貨という名前に、実に大いなる意味があるのだ。

通貨というものに関する限り、「名前なんてどうでもいい」というわけにはいかない。名前が全てなのである。バラはバラという名前がなくなっても、バラであり続ける。だが、通貨は通貨という名前を剝奪《はくだつ》されれば、通貨ではなくなってしまう。

かつて、人間は貝殻を通貨として使っていた。人がそれを通貨と認定したから、貝殻は通貨となった。しかし、今日、貝殻は通貨ではない。人がそれを通貨だと認めなくなったから、通貨ではなくなった。

金《きん》という金属もそうだ。金は金だったから通貨になったわけではない。人がそれを通貨扱いするようになったから、通貨になったのである。今、金はもはや通貨ではない。資産としての価値はある。けれども、通貨として通用しているわけではない。

かくして、通貨と呼ばれなくなったものは、その特性になんら変化がなくても、通貨ではなくなる。通貨においては、名前が全てだ。

バラは、姿形が突然変異しない限り、いつでもバラであり続ける。だが、姿形が全く同じままでも、貝殻や金は、通貨と呼ばれなくなったとたんに、通貨ではなくなる。

逆の言い方もできる。バラの姿と香りをもたないものに、いくらバラという名前をつけても、誰もそれをバラだとは認めない。クマさんのぬいぐるみを持ってきて、「これはバラです」といくら主張しても、それは通用しない。「バラという名前のクマさんです」なら、なんとか受け入れてもらえるかもしれない。しかし、それでも、クマさんはやっぱりクマさんだ。バラと命名したことで、クマさんがバラに変身したことにはならない。

姿形をそれらしくしても、やっぱりダメかもしれない。本物そっくりの造花をつくったとしても、それは、やっぱりあくまでも作り物のバラだ。本物のバラとしては認知されない。

ところが、通貨は、通貨という名前さえついてしまえば、通貨になる。すなわち、クマさんであっても、バラであっても、それを人が通貨だとみなせば、立派に通貨として世の中に出ていくことができる。

▼元禄の改鋳――瓦礫だって通貨になる⁉

いみじくも、次のように言った人がいる。

貨幣は国家が造る所、瓦礫《がれき》を以《もっ》てこれに代えるといえども、まさに行うべし。今鋳するところの銅銭、悪薄といえどもなお、紙鈔《ししょう》に勝る。これ遂行すべし（『三王外記《さんのうがいき》』）

貨幣と通貨はどう違うかという重要なテーマもある。だが、ひとまずそれはさておき、この言い方は通貨というものの本質的特性を実によくとらえている。

この名言を発したのは、荻原重秀《おぎわらしげひで》（一六五八～一七一三年）という人物である。元禄の日本で、勘定奉行を務めた。

まずは、前段で言っていることに注目しよう。貨幣は、それが「国家が造る所」である限り、瓦礫でもいいのだと言っている。

国家という権威ある存在が世に送り出している貨幣（通貨）である以上、その姿形や素材などはどうでもいい。そういうことだ。石ころでも木片でも、「国家が造る所」である限り、それは通貨だというわけである。

この言い方には、実は少々引っ掛かるものがある。本当に、国家が通貨だと宣言したものは、なんでも通貨になるのか。ここは大いに問題だ。後ほど、改めて取り上げたい。

それはそれとして、さしあたりは、通貨の本質に関するお奉行様の理解の鋭さを評価しておこう。

彼は、バラと通貨の違いをとてもよくわかっていた。美的価値ゼロの瓦礫だって、通貨だと認知されれば、通貨になれる。バラは、いくら美しくても、美しいというだけでは通貨になれない。通貨になるには人々の認知が鍵だということを、お奉行様は実によく見抜いていた。どうして、大した洞察である。

この洞察の鋭さが、後段の言い方につながっている。荻原重秀は、世に言う「元禄の改鋳」を実施した人である。小判や銭などに含まれる金属の含有量を減らすことで、金属の節約と通貨発行量の増加を図った。

言ってみれば、これは、タコの在庫がどんどん少なくなりつつあるタコ焼き屋さんの苦肉の策だ。一つ一つのタコ焼きに入れるタコの量を減らす。ほとんどタコ抜きに近いようなタコ焼きを売り出すことで、なんとか営業を継続しようとする。

これが当時の江戸幕府の状態だった。貴金属の産出量には、おのずと限界がある。だが、通貨の発行量を減らせば、経済が行き詰まる。そこで、限りなくタコ抜きに近いタコ焼きづくりに打って出た。

このほぼタコ抜きタコ焼きが、お奉行様が言う「今、鋳するところの銅銭」である。ご本人が、「悪薄といえども」と言わざるを得ないほど、銅の含有量が少ない。まさに、タコ抜き度が限りなく一〇〇パーセントに近いタコ焼きだ。

それでも、国家が造る所なら貨幣なのだと言っている。タコ焼き屋がつくったものなら、中身がどうあれタコ焼きだ。タコ焼き屋がそう言うのだから、素直に信じろ。そういうわけだ。

もっとも、ここで「悪薄といえどもなお、紙鈔に勝る」と言っているところには、彼の貨幣観の限界も感じる。紙鈔は、要するに紙幣のことだ。瓦礫でも通貨だと言うなら、紙幣でもよさそうなものである。いっそのこと、金属貨幣を止めてしまってもおかしくはなかった。お奉行様の通貨認識からすれば、そういうことになったはずである。なぜ、瓦礫はよくて紙はダメなのか。

その時のご本人の心境と判断については、タイム・トラベルしていってヒアリングしてみなければ、本当のところはわからない。

ただ、恐らく、紙でもいいじゃないかというところまでは、さすがの改鋳名人も言い切れなかったのだろう。タコ焼きだと認めてもらうには、やっぱり、タコ焼きの形状が必要だった。さすがに、「タコ焼き」と書いた紙をもってあの小麦粉ボールに代えるというのは、無理がある。そういうところだったと推察される。

だが、いまや、我々はまさに、この「タコ焼き」と書かれた紙切れを後生大事にしている。「タコ焼き」の代わりに「一万円」とか、「千円」と書いてある。

通貨の世界がここまで来るとは、荻原重秀をもってしても想定できなかったか。あるいは、そう思っていても、声に出す勇気がなかったか。

そんな紙鈔が、今はなぜ当たり前のように通用しているのか。この辺りを追究していく中で、次第に今日的な通貨の本質と本性にも迫っていけるはずである。

▼通貨が通貨という名を失う時

さて、バラと通貨の違いについて、もう一つ押さえておきたい点がある。バラは、名前がバラでなくなっても、バラとしての価値に変化は生じない。突然名前がクマになれば、少々興ざめではあるかもしれない。だが、真紅の大輪とその豊かな香りを前にすれば、人はクマという名を忘れてバラの華麗さに酔いしれるだろう。

通貨の場合はどうか。通貨が通貨という名を失うとどうなるか。無価値になってしまうのか。

確かに、「一万円」と書き込まれた紙切れは、それを人が一万円札だと認知しなければ、その価値を失う。その「紙鈔」をもって一万円分のお買い物ができる、そのように人々が信じなくなってしまえば、一万円という通貨価値はその紙切れから消え失《う》せる。

だが、そこから先はどうか。例えば、二〇一九年に流通していた一万円札というものに、今から一〇〇年後に凄《すさ》まじい骨董的《こっとうてき》価値が発生したらどうか。一億円出してでも、二〇一九年の一万円札を手に入れたい。そう思う人が出現するかもしれない。そうなれば、二〇一九年の一万円札は、それが通貨だった時よりも話にならないくらい大きな価値をもつことになる。

現に、ごく最近、筆者は次の一節に出会った。

家に小判が何枚かあつた。その中に慶長小判もあつた。一分金もあつた。質草がなくなると、それを質に入れた。通貨ではないけれど、お金を質に入れる様なものである。
（内田百閒《ひやっけん》『私の「漱石」と「龍之介」』ちくま文庫、一九九三年）

内田百閒は、夏目漱石のお弟子さんの一人だ。百閒ワールドの中では、乾いたユーモアと不気味な幻想が奇妙に交錯する。実にコワオモシロイ世界だ。

前出の文章は、そもそもは一九六一年刊の『つはぶきの花』という本（筑摩書房）に所収されたものだが、実際に書かれたのは、さらにもう少し前のことだろう。

この小品のタイトルが「餓《う》ゑ死《じ》に」である。食い詰めに食い詰めた百閒先生は、崇敬する漱石先生からもずいぶん借金をしたらしい。芥川龍之介にもかなり世話になっている。質屋通いを覚えたことも、借金癖に拍車をかけた模様だ。

何枚かの小判と一分金を担保に、質屋は一体どれだけのお金を百閒先生に用立ててくれたのだろう。それが明記されていないところが、実に残念だ。通貨ではなくなった「お金」は、百閒先生に何日分の生活費をプレゼントしてくれたのか。

かくして、通貨は通貨でなくなることによって無価値になる場合もあれば、通貨であった時代よりも大きな価値を帯びることとなる場合もある。なんとも、不可思議な存在だ。

バラはバラという名でなくてもバラだと確信するジュリエットは、この関係をどう受け止めるだろう。すっかり頭がこんぐらかってしまいそうである。一途な恋愛の世界に比べて、通貨の世界は複雑怪奇だ。

▼人々の認知と国家の信用力

複雑怪奇ではあるが、基本は一つだ。くどいことを承知で確認しておけば、通貨の基本は認知であり、認識である。

人が通貨だと認めるものは通貨であって、通貨だと認めないものは通貨ではない。いかに美しく輝いていても。いかにしゃれたデザインであっても。いかに素敵な香りがしても。それらのことで、通貨が通貨として確立するわけではない。逆に、どんなに美しくなくても、どんなにおしゃれでなくても、どんなに素敵じゃない香りでも、人が通貨だと認知したものは通貨になる。瓦礫でもいい。

さて、ここまで来ると、先ほど、後に立ち返りたいと申し上げた「国家が造る所」問題に目を向ける場面が到来したと思う。

人が通貨を通貨として認知するのは、お国からそのようなお達しがあるからなのか。お達しさえあれば、それで、通貨の通貨としての地位は不動のものとなるのか。

確かに、今日「法定通貨」と位置づけられている日本円や米ドルなどは、国家がその価値を保証している。一万円は、国がそれを一万円だと認定しているから、一万円なのである。それは間違いない。

だが、その国の約束を人々が疑いだしたらどうなるか。

この政府が言っていることを、どこまで信じていいのか。一万円札を一万円札として後生大事に持っていて、本当に大丈夫だろうか。未来永劫大丈夫だろうか。こんな風に国民が心配し始めたら、「国家が造る所」の神通力もかなり怪しくなってくる。

▼「政府紙幣」は信用されるか？

ある時、一国の政府が突如として「政府紙幣」というものを発行し始めたらどうだろう。その国には、すでに定着している「中央銀行券」があったとする。それはそれとして、政府がとり行う公共事業に関する支払いは、全て政府紙幣で行いますので、どうぞそのおつもりで。突如としてそんなことを宣言されたら、公共事業を受注する建設会社はどう反応するだろうか。致し方ないから、工事費は政府紙幣で受け取るとしても、きっと、受け取ったその政府紙幣を大急ぎで中央銀行券に両替しようとするだろう。

するど、どうなるか。答えは簡単だ。次第に、政府が発行する一万円より、中央銀行が発行する一万円のほうが値段が高くなっていくだろう。需給の原理からいって、当然、そうなる。それが制度的に禁止されたとしても、きっと、闇市ができる。

いくら政府の「造る所」だからと言って、突然、降って湧いたように登場した政府紙幣を、そうおいそれと人が信用するわけがない。

むしろ、政府はカネが不足しているに違いないと、疑いを深めることになるだろう。資金不足になってきたから、勝手に独自紙幣などを造って取り繕おうとしているに違いない。そう考えて政府紙幣を大いに敬遠するだろう。

▼通貨の基本は「人本位制」

ことほどさように、「国家が造る所」の通貨も、その国が信用に足る国でなければ、幅広く通貨として認知されるとは限らない。

現に、元禄の世の人々は、お奉行様の改鋳通貨をあまり信用してはいなかったようだ。元禄改鋳が行われた後、江戸の経済は深刻なインフレに見舞われたと言われる。これについては異論もあるようなので、断言は避ける。だが、いずれにしても、中身節約型の改鋳通貨が大量にばら撒《ま》かれればインフレが加速することに不思議はない。

人々が「悪薄」なる新しい銅銭の価値をどこまで信用したかという問題もある。要するに、従来なら銅銭一枚で売っていたものを、銅銭二枚でなければ手放さない。そのような行動が広がれば、物価は高騰することになる。

かくして、法定通貨も、法定されていることが万能なわけではない。法定する主体が、どれだけ信頼できる存在であるかが、最終的な決め手となるのである。

国々は、このことを常に肝に銘じておかなければならない。経済活動は人間の営みだ。したがって、通貨を通貨たらしめるのも、結局は人間による評価と判断である。

信頼できる相手が、これは通貨だと言うなら、人はそれを信じる。バラは、誰かがバラだと言わなくても、バラだ。だが、通貨は、信頼できる誰かが通貨だと言わなければ、通貨にならない。信頼できていたはずの相手がどうも胡散臭《うさんくさ》い感じになってきたら、その相手が通貨だと言ったものの通貨性も疑わしくなる。

要するに、通貨の基本は「人本位制」なのである。

▼人々が仮想するから通貨になる！

さらに考えを進めてみよう。通貨の基本が人本位制であるというのは、どういうことか。それは、結局のところ、全ての通貨が仮想通貨だということである。

本書の冒頭で言及したとおり、我々はビットコインなどの電子決済手段を仮想通貨と呼んでいる。だが、考えてみれば、これはどうも少しおかしい。

通貨は、人が通貨だと認知するから通貨となる。ということは、今日、世の中に出回っている通貨は、全て、人がそれを通貨だと「仮想」しているから通貨なのだ。

金貨も金貨だから通貨だったわけではない。金貨を通貨として人々が「仮想」したから、金貨はある時、「通貨」化したのである。

三菱ＵＦＪ銀行は、「ＭＵＦＧコイン」という電子決済手段の発行を検討しているという。そして、その価値を一ＭＵＦＧコイン＝一円に設定することを考えているそうだ。

このように価値を設定されたものを、果たして仮想通貨と言えるだろうか。ＭＵＦＧコインを使用する人々は、それ自体をどこまで通貨と仮想することになるのだろうか。単に一円と引き換え可能な証書と理解することになるのではないか。

円は、すでに長らく通貨だと仮想されて今日にいたっている。そのように地位が確立した仮想通貨と交換可能だということが、ＭＵＦＧコインに派生的な仮想通貨性を与える。そういうことではないのか。

これでは、せいぜい間接仮想通貨だ。あるいは、疑似仮想通貨と言ったほうがいいのかもしれない。

▼ビットコインは架空の通貨

ビットコインやその他の電子コインが仮想通貨でないとすれば、それらは、何通貨なのだろう。筆者は、それらは架空通貨なのだと思う。フィクションである。バーチャル空間が生んだ一種の妖怪的存在だ。

だからと言って、いずれある時、従来からある円やドルのような仮想通貨に、この妖怪が「昇格」する可能性がないとは言えないだろう。

実際に、二〇一七年七月以降は改正資金決済法が施行されたことによってビットコインなども通貨として扱われることになった。それまでは、あくまでも商品扱いでその取引には消費税も課税されていた。だが、いまやビットコイン等も通常の支払い手段として位置づけられている。その意味では、架空通貨たちの仮想通貨性が高まっていると言える。

しかし、それでも、その価値は恐らく引き続き日本円との交換関係で定義され続けることになると考えられる。そうであれば、やっぱり、架空通貨に関する人々の通貨的仮想は間接的なもの、疑似的なものにとどまる。

フィクション性の強い架空通貨と人々から信用されている仮想通貨の決定的な違いはどこにあるか。

それは、仮想通貨の価値が人々によって一定水準に固定されているということだ。一万円は一万円だ。一万円の価値が増えたり減ったりすることはない。むろん、インフレやデフレによって、その「使いで」は変動する。

だが、一万円が突然一万五〇〇〇円になったり、九〇〇〇円になったりすることはない。それこそ、中央銀行券と政府紙幣が並行流通するような場合を除けば、一万円そのものは、一貫して一万円であり続ける。

架空通貨については、事情が異なる。ビットコインの価値は常に変動している。一ビットコインの価格は時々刻々と変化していく。一ビットコインが五万円だったり、六万円になったりするのである。株と同じように、あるいは小麦や石油などと同じように、日々、さかんに取引されている。その中で、値段もどんどん変わっていく。

その限りにおいて、ビットコインは、どちらかと言えば投機性の強い国際商品にほかならない。本格的な仮想通貨に到達する道のりは、もう一息遠そうだ。

だが、それにもかかわらず、普及の度合いは高まり、その決済網が広がるペースは速まる一方になりそうだ。その中で、何が起きるか。

架空通貨が仮想通貨に成熟していくのではなくて、妄想通貨へと化す心配はないか。あるいは、立派な仮想通貨が架空通貨と化してしまうことがあるだろうか。ビットコインが仮想通貨としてその地位を確立し、逆に日本円が仮想通貨としての信頼性を失い、架空の世界でしか通用しない幽霊通貨になってしまう。そんな事態が発生することはあるか。あるとすれば、どんな状況下で、どのようなプロセスの中でそうなってしまうのか。

▼信頼関係がつくる仮想通貨

仮想通貨の実体なき架空性がばれる。そういうことは、過去においても起こり得たと思う。

そこで想起するのが、江戸時代の「包み金」というものだ。別名、「切り餅」である。

二五両相当の小判を紙にきっちり包んで封印する。その白い包みが切り餅に似ているというので、この別名がついた。当時の商人たちは、もっぱら、この切り餅スタイルの包み金を決済に使った。二五両もの金貨・銀貨をバラで使っていたのでは、持ち歩きにも計算上も厄介だから、これは合理的な工夫であった。

このやり方がすっかり普及すると、数多くの二五両包みが開封されることのないまま、どんどん、世の中に流通するようになった。仕舞いには、単に二五両と表書きしただけの細工物の切り餅がやり取りされるケースも出てきた。

これぞ、まさに仮想通貨中の仮想通貨だ。誰も、この細工物の切り餅を本当の二五両と引き換えろとは言わない。包み金の封印を切って中身を検《あらた》めるなどということも、決してしない。相手がそのカネをいつでもちゃんと支払えると信用している。だから、仮想は仮想のままでいい。江戸の商売の世界は、そんな世界だったのである。

だが、包み金を包み金のままでよしとする信頼関係が崩れれば、仮想通貨の世界もまた崩壊する。包みの中身が偽物だったことが明るみに出てしまえば、仮想通貨は一気に架空通貨だったことがばれてしまう。その時点で、通貨を軸にした経済取引の土台が崩れ去ってしまう。

だから、包み金の封印は神聖だった。この神聖なる封印を、ある時、切って落とさざるを得なくなる。そういう大変な場面を盛り込んだ歌舞伎の演目がある。「恋飛脚大和往来《こいびきゃくやまとおうらい》」というお芝居だ。その中に、その名も「封印切《ふういんきり》」という場面がある。ご関心の向きは是非、チェックしてみていただければと思う。

ちなみに、人々の苦肉の策が架空の通貨をそこそこ一人前の仮想通貨に仕立て上げていったという事例もある。ここまではおおむね日本の話題に集中してきたが、これからご紹介申し上げるのは、イタリアの物語だ。人から聞いたことなので、時代や背景など、正確なところが実は定かではない。どうか、ご勘弁下さい。

お許しを得たことにして、先に進もう。あるイタリア人のエコノミストと、ユーロの将来についてシンポジウムで議論した。この会合が終了した後、彼女と雑談している中で、通貨というものの様々な側面へと、だんだん、話が深まっていった。この楽屋談議の一環として、我がエコノミスト仲間が次の話をしてくれたのである。

ある時、イタリアで硬貨不足が発生した。なぜ、そういうことになったのか。その経緯がどう語られたかは、はっきり記憶していない。

確かに、そういうことはあるだろう。皆さんも日常的にはご経験がおありのはずだ。例えば、宴会の会費を徴収する役回りの幹事さんは、お釣りの小銭確保に関する気配りが頭痛の種だ。なるべくみんなキッチリ、ちょうどの金額を出して欲しい。だが、そういう幹事的願望もむなしく、紙幣を出す人ばかりだと、お釣りの小銭が足りなくなって窮地に陥る。

もっとも、こうした身近な世界で起こる小銭不足が、国民経済的なスケールでも発生するというのは、なかなか豪気な話だ。何やら、いかにもイタリアらしい。

ただ、実際にどれだけの広がりをもつ現象だったのかは、定かではない。ごく局所的な問題だったのかもしれない。だが、一定の地域的広がりをもったことは間違いなさそうである。そうなれば、その地域の当事者たちにとっては、これはやはり悩ましい問題である。

特に困ったのが、町のお店屋さんたちだった。やたらとズボラに高額紙幣で買い物をするお客さんたちに対して、お返しするお釣りが用意できない。ごめんなさいで済む話でもない。そこで、ある時、あるお店のご主人が一計を案じた。なんと、お釣りの代わりに、お客さんにキャンディーをプレゼントすることにしたのである。お釣りの小銭を切らしちゃってますもんで、これでご勘弁下さい。そういうわけだ。お客のほうも、それで結構納得したらしい。

かくして、飴《あめ》ちゃん通貨の誕生である。こうなると、どうなるか。次第に、飴ちゃん通貨が独り歩きを始める。またお店にやってきたお客さんが、「この前もらったあの飴ちゃんでお支払いしていい？」などと言うようになる。お店のほうでも、それをイヤだとは言える立場にはない。小銭不足は、こうして解消に向かった。

さて、ここから先はどうなるか。実は、我が友はこの先を語らなかった。したがって、ここからは筆者の想像の世界だ。それこそ、妄想かもしれない。

飴ちゃん通貨は、さしあたり小銭不足問題に解決をもたらしてくれた。だが、それで万事、大団円か。飴ちゃん通貨そのものに問題はなかったか。

問題は大いにあったはずである。なぜなら、飴ちゃんには賞味期限がある。いくらなんでも、三年前の飴ちゃん通貨では、決済手段として受け取ってもらえないだろう。

しかも、一つずつ包んであればいいが、そうでなければ、ベチョベチョして始末におえない。持ち歩きもいたって不便だ。

そこでどうなるか。飴ちゃん通貨取引が長引けば、次第に飴ちゃん通貨は姿を変えるだろう。飴ちゃんそのものではなくて、「一飴ちゃん」とか、「五飴ちゃん」と表《おもて》に書き込まれた紙に変身するに違いない。飴ちゃん通貨が飴ちゃんではなくなる。

この話は、「切り餅」の世界と多分に共通するものがある。このような調子で妄想を膨らませていくと、面白くて切りがなくなる。

第二章　嘆きの通貨、ドルの行方

▼ドルの信用はいつまでもつのか？

通貨という不思議を謎解きする本書、第二章のテーマはアメリカの通貨「ドル」である。「今さら？」と思われる方々もおいでになるかもしれない。ドルという通貨について、いまや、謎など何もない。そう考えられる向きも多いだろう。それもごもっともだ。

なにしろ、往年に比べれば存在感が低下したとはいえ、今なお、国際間の決済に最も幅広く使われている、あまりにもよく知られている通貨だ。何か改めてまたドルについて言うべきことがあるのか。そう問いただされても、無理からぬところではある。

だが、そう決めつけてしまうわけにはいかなくなってきた。なぜなら、ここに来て、ドルの価値を規定する環境は大きく変わったからだ。ドナルド・トランプという人物が、ドルをめぐるドラマの舞台中央に躍り出てきたのである。この人が第四五代アメリカ大統領に就任して以来、為替市場は揺れている。ある時は大きく、またある時は小刻みに神経質に。実際に相場そのものが動いていない時も、緊張感が市場を覆っている。大波瀾《はらん》の前の不安定な凪《なぎ》のような感じだ。

「アメリカ・ファースト」を絶叫するこの人の政権下で、ドルはどのような通貨になっていくのか。そのことによって、グローバルな通貨関係はどうなるのか。「通貨」の番人の役割を果たしてきた国々の中央銀行や国際機関は、どのような状況に直面することになっていくのか。そのことのグローバル経済全体への影響はどうなのか。これらのことについて、この時点で整理しておきたいと思うのである。

第一章で、全ての通貨は基本的に仮想通貨だと書いた。人々が、「これは通貨だ」と想定する。つまりそのように仮想することによって、通貨は通貨になる。その観点から考えた時、ビットコインなど、今の世の中が仮想通貨と名づけている決済手段は、果たして本来的な意味での仮想通貨と言えるのか。これらのことについて考えた。

その中で、ビットコインなどのネット上の決済手段は、どうも仮想通貨というよりは架空通貨ではないかという発想に行き着いた。そして、幅広く通貨だと仮想されている通貨が、果たして、いつまでもその地位を維持することができるだろうかという点についても、思いをめぐらせた。

こう考え進んでいく中では、結局のところ、通貨の基本は人本位制なのだという認識をもつにいたった。

人がある通貨を通貨だと仮想するのは、その通貨を通貨だと言っている相手を信頼するからだ。いかがわしき相手が押し付けようとする怪しげな紙切れを、誰も通貨だとはみなさない。ならず者国家が、自国通貨で対外支払いを済ませようとしても、誰も、それを受け入れてくれはしない。

このように考えてくると、トランプ政権下のドルは果たしてまっとうな仮想通貨であり続けられるかという疑問が湧いてくる。誰にも信用されない架空通貨への格落ちの恐れはないのか。そんな疑問が深まる。

ところで、この架空通貨という言葉は、むしろ「仮装通貨」と言い換えたほうがいいかもしれない。最近、そう思いついた。通貨に仮装しているだけ。すなわち、コスプレ通貨だ。ビットコインについても、そんな観点から考えることができそうである。ドルにも、いずれ仮装通貨と化す日が来るのか。

▼ドルの起源をさかのぼる

そもそも、ドルという通貨は、いつから通貨になったのか。何はともあれ、ここから探索を始める必要があるだろう。過去を知らない者には、今も未来もわからない。そこでまずはドルの起源までさかのぼってみよう。

ドルという名前の通貨がアメリカ合衆国の法定通貨になったのは、一七九二年のことである。アメリカ東部沿岸のイギリス領一三植民地は、一七七五年から一七八三年にかけて本国イギリスを相手に独立戦争を繰り広げた。途中、一七七六年には、この一三植民地がイギリスからの独立を宣言した。ご存じ、かの「独立宣言」が採択されたのが、同年七月四日のことだった。こうして、七月四日がアメリカの独立記念日となった。

その後、アメリカの「大陸《たいりく》軍」はフランスやスペインなど、当時の列強の力を借りつつ果敢な独立戦争を展開した。そして、一七八三年には、ついにイギリスがアメリカ合衆国の独立を認めるにいたった。

一七八五年には、旧一三植民地の中央組織である「大陸会議」がドルを独立国アメリカの独自通貨とすることを決定した。一七九二年には通貨法が議会を通過し、合衆国造幣局が誕生した。

それから様々な紆《う》余曲《よきょく》折《せつ》を経て、一八六二年には我々が今日慣れ親しんでいるイメージに近いドル紙幣が発行されるようになったのである。

ドルというネーミングの原点は「ターラー（Taler）」だ。旧ボヘミアのヨアヒムスタールという地で、一五一八年から良質の銀貨、「ヨアヒムスターラー」の鋳造が始まった。

この銀貨の省略形の呼び名がターラーで、これが英語的になまって「ドラー（dollar）」に転じたのである。

ターラーという名称は、イギリスのポンドや、今はもうないが、かつては欧州を代表する通貨名だったドイツ・マルクよりも古くからある。アンデルセンやグリムなどによる、欧州の古い童話がお好きな皆さんは、このターラーという名前にかなりなじみがおありだろう。各種様々なおとぎ話の中に、このターラーが登場する。

その意味で、ターラーは具体的な通貨名というよりも、むしろ、通貨というものの一般名的なネーミングとして世界に広まっていった。日本でいう「お金」のイメージだ。

いまや、日本の通貨には、みじんも「金＝きん」的な側面は残っていない。だが、それでも、「お金」という言い方もすれば、書き方もする。もちろん、日本の通貨ではないドルやポンドも、そしてまたユーロも、日本人にとっては「お金」だ。中世欧州の人々にとっては、ターラーが「お金」を意味していた。そう考えてよさそうだ。

▼イギリスからの独立の象徴としてのドル

そして、アングロサクソン圏の住人たちは、ターラーを次第にドラーあるいはダラーと言い換えるようになった。日本人が「コフィー（coffee）」を「コーヒー」と言うようになったのと同じことである。

そのような形で使い親しんでいた名称を、アメリカが念願の独立を果たすのに向けて、独自通貨の名前に採用したのは、いわば当然の成り行きだったと言えるだろう。もちろん、旧宗主国イギリスの「ポンド」からは断じて決別したかったに違いない。まさか、自分たちの通貨を「アメリカ・ポンド」などとは呼びたくなかったはずである。

ところで、実を言うと、ドルはシェイクスピアのお芝居の中にも顔を出している。もちろん、アメリカの独立はおろか、イギリスによるアメリカへの入植が本格化し始める前の時代のことである。第一章では、『ロミオとジュリエット』に題材を得て、バラと通貨の関係を考えた。この章で、まずご紹介したいのは、悲劇『マクベス』の一場面だ（第一幕第二場）。マクベスと連携する武将たちの一人が、次のように言う（訳は筆者、以下同様）。

「……ノルウェイのスウェーノ王が和睦を申し出てきました。ですが、聖コルム島で我々に賠償金一万ドル（dollars）を支払うまでは、一兵たりとも、敵兵の埋葬などは許しませんよ」

さらに、ファンタジー大作『テンペスト』にも、次の箇所がある。ナポリ王の弟セバスチャンと、王の顧問ゴンザーロとの間のやり取りだ。

ゴンザーロ：イヤなことがやってくるたびに一々落ち込んでいても始まりませんよ。そんな御仁は……。
セバスチャン：一ドラー（dollar）を押し付けられる。
ゴンザーロ：そうそう、ドラー（dolour）を背負い込むことになる。誠に上手《うま》いことをおっしゃいますな。

ここに出てくる“dolour”は古語で、今では“dolor”と書く。「かなしみ」や「嘆き」の意だ。スペイン語（dolor）でもイタリア語（dolore）でも、意味は同じだ。
つまり、シェイクスピア的言葉の遊びの上では、ドルは嘆きの通貨だということになる。独立国家アメリカの建国の父たちは、大先生のこのダジャレに思いが及んだだろうか。
前述どおり、ドルがアメリカの独自通貨に定められたのは一七八五年のことだ。『テンペスト』の初演は一六一二年頃だと推定されている。前後関係から言えば、前出の大陸会議の面々が『テンペスト』の舞台上でのこのやり取りを知っていたとしても、おかしくない。

だが、どうもそれはなさそうだ。もしも、知っていたとすれば、縁起でもないというので、ドル案を却下していたに違いない。その場合、アメリカの通貨の名前は一体何になっていたやら。

いずれにせよ、アメリカ独立後のドルは、さしあたり、嘆きの通貨となる懸念とはいたって縁遠く、新興国の若き通貨として破竹の快進撃を続けた。その勢いは、旧大国の老通貨、イギリスのポンドをどんどん追い落としていくことになった。

両者の力関係の逆転が決定的になったのが、一九三六年のことである。

▼英仏米の通貨戦争

その年の九月、イギリス・フランス・アメリカの三カ国の間で「三国通貨協定」なるものが締結された。この協定は、端的に言えば、為替切り下げ競争すなわち通貨戦争に関する停戦協定だった。イギリスがポンド安を仕掛け始めたことを皮切りに、一九三〇年代初頭から、これら三カ国は熾烈《しれつ》な為替切り下げ競争を繰り広げていたのだ。

この通貨戦争の火ぶたが切られるまで、国々の通貨関係は国際金本位制によって規定されていた。金本位制は読んで字のごとしだ。国々が自国通貨の価値を金との交換比率で固定する。そして、この固定レートで自国通貨をいつでも金に交換する。そのように自国の国民に対しても他国に対しても誓約する。これが国際金本位制の基本原理だ。

ところが、イギリスは一九三一年をもって金本位制を停止した。そして、ひたすらポンド安による輸出主導型成長を追求するようになったのである。

このポンド安攻勢に対抗して、アメリカも金本位制を停止し、ドル安による応戦に邁進《まいしん》するようになった。この両者にはさみ撃ちにされたフランスも、金本位制維持に未練をもちながら、結局は通貨戦争への参戦を余儀なくされた。

この泥仕合に歯止めをかけるべく、締結されたのが一九三六年の三国通貨協定だった。この協定をもって、アメリカは、第二次世界大戦後において通貨の太陽系の中の太陽の位置づけを確保することに向かって、完璧な布石を打ったと言える。

なぜなら、この協定の締結に当たっては、三カ国の中で、ひとりアメリカだけが金とドルとの固定関係を対外的に維持すると誓約したからだ。

▼休戦協定の重要な仕掛け

具体的には、他国の政府あるいは通貨当局からの請求があれば、いつでも無制限にドルを金に固定レートで交換いたします、と宣言したのである。その時の固定レートは金一オンス＝三五ドルであった。つまり、外国政府が、手持ちの三五ドルをアメリカに持ち込んで金との交換を要求すれば、アメリカ政府はその要求に無条件で応じるというものであった。

ほかの二カ国が自国通貨の金との交換性を保証しないのに、アメリカだけはそれをする。なんとも気前のいいことだ。アメリカは、なぜ、このようにお人好しな協定を結ぶことに合意したのか。それこそ、トランプ大統領だったら烈火のごとく怒り狂ったに違いない。

だが、そこには、とても重要な仕掛けというか、留保条件があった。この時、アメリカはドルだけを金本位通貨とすることの代償として、英仏両国から大きな誓約をとりつけたのである。

その誓約とは、英仏両国が「国際為替関係における最大限の均衡を維持する」ことに尽力するというものだった。英仏は、自国通貨をドルに対してどんどん切り下げていくような行動をやめろ。要は、そのように両国に対して迫ったわけである。

つまりは、通貨戦争を二度と仕掛けるな、ということだ。ここまで来れば、トランプさんの血圧も下がってくるだろう。

しかも、この通貨戦争の終結の誓約には、それを破った場合の罰則規定が設けられていた。その内容は、英仏が約束を破った場合には、アメリカは二四時間前の予告をもって、金一オンス＝三五ドルの金交換を停止するというものだった。そのため、三国通貨協定は、別名「二四時間金本位制」などと呼ばれたりした。

さらに言えば、英仏が協定破りを犯したかどうかは、アメリカが一方的に判断できることになっていた。

とどのつまりは、アメリカは自国の裁量でいつでも金本位制を停止することができる立場を確保したわけである。ここで、トランプさんのご機嫌は完全に直るだろう。一転して喜色満面となること請け合いだ。

▼嘆きの通貨と化したドル

もっとも、トランプさんに多少とも物事を落ち着いて考えてみる性癖が備わっていれば、ここで、少し「あれ？」と思い、少しまた腹が立つかもしれない。

なぜなら、今、トランプ大統領は日本とＥＵ（欧州連合）に向かって「国際為替関係における最大限の均衡を維持すること」を迫っている。日本もＥＵも為替操作をやっている。

日本は円安、EUはユーロ安を仕掛けて、アメリカ市場を食い物にしている。汚いやつらめ。許すもんか。そう息巻いている。

だが、いくら鼻息荒く雄叫《おたけ》びを上げても、トランプさんのアメリカには、三国通貨協定時のアメリカのような優位性はない。

アメリカのみが自国通貨の金交換を保証することができますよ。英仏のお二方は、それはもう無理ですよね。ですから、それは結構です。ですが、その代わり私の言うことには従っていただきますよ。一九三六年のアメリカにはそれが言えた。

けれども、トランプさんのアメリカには、それが言えない。思えば、トランプさんのアメリカには、決定的な交渉材料があまりない。一九三〇年代のドルは、向かうところ敵なき地位へと着実に昇り詰めようとしていた。高笑い通貨と化し始めていた。しかし、今のドルはどうか。ふと気がつけば、嘆きの通貨と化しているのではないか。

▼ドルが輝いていた時代

この点の追究を深めるために、もう少し歴史探訪を続けてみよう。ドルの歴史に残る、ある人のある言葉がある。

その人の名は、ジョン・B・コナリー。一九七一年二月から一九七二年六月まで、アメリカの財務長官を務めた。その彼が、ある時、次のように言った。

「ドルは我々の通貨だが、あなたがたの問題だ」

つとに有名な発言である。欧州各国財務大臣たちが、アメリカの通貨政策に苦情を申し入れた折の反撃だ。

当時の国際通貨体制は、ドルを軸とする固定為替相場制度だった。かの一ドル＝三六〇円時代である。この時、まさしく、ドルは通貨的太陽系の太陽だった。だからこそ、「ドルとの関係を調整するのは、あんたたちの仕事だ」と言い放つことができたわけである。ドルを太陽とする、この太陽系にとどまりたいなら、軌道修正はあんたたちがやらなくてどうする。そういうわけだ。

これも、トランプ大統領が聞いたらしびれるだろう。「やっぱりアメリカを再び偉大にしなくちゃ」。そう決意を新たにしてしまうかもしれない。その意味では、彼にあまりこの時代のことを勉強させないほうがいいだろう。

それはともかく、コナリー長官がこのような調子でふんぞり返ることができたのは、アメリカが一九三六年の三国通貨協定で勝ち取った地位があったからである。

ドルを軸とする戦後の固定為替相場制度は、要するに三国通貨協定の直系の跡取りだ。「二四時間金本位制」と明記こそしていないものの、原理は同じだ。「国際為替関係における最大限の均衡を維持する」義務は、太陽通貨ドルではなくて、その周りの軌道を回る通貨たちに課せられていた。

だから、コナリー長官も、ドルに対して自国通貨の相場が上がり過ぎたり下がり過ぎたりすれば、それをなんとかするのは、太陽通貨の周りを回っている通貨たちのほうだと言い切れた。太陽通貨が位置を変えるわけにはいかないんだから。そう言っておけば済んでしまう話だったのである。

しかしながら、おごれる者は久しからず。アメリカが「私の通貨だけど、あんたの問題」とうそぶいていられる時期も、実はコナリー発言の時点でもはや終焉《しゅうえん》に向かってのカウントダウンが始まっていた。

なぜなら、前述のとおり、コナリー氏の財務長官への就任は一九七一年二月のことで、その半年後の八月一五日には、アメリカはドルの金交換を停止し、それに伴って、ドルを軸とする固定為替相場体制も崩壊への一歩を踏み出したからである。強気のコナリー発言も、実を言えばイタチの最後っ屁《ぺ》だったわけである。

この一九七一年八月一五日が、ご存じ、ニクソン・ショックの日だ。この日をもって、ドルを通貨的太陽系の中心にすえる通貨体制、いわゆるブレトンウッズ体制は事実上の終焉を迎えた。

このブレトンウッズ体制が本格的にスタートしたのが、一九四七年のことである。同じ年に、ＩＭＦ（国際通貨基金）が業務を開始した。ＩＭＦはブレトンウッズ体制の運営責任機関であるから、その業務開始年をドル体制のスタート時点だと考えていいだろう。そして、ニクソン・ショックとともにこの体制が崩壊した。一九四七年から一九七一年。たった二四年である。辛うじて四半世紀だ。ドルの王座も、さほど長く続いたわけではない。むろん、その後もドルは国際決済通貨として多用されて今日にいたっているが、その位置づけはニクソン・ショック前とはまるで違う。

過去のしがらみと成り行きと慣性で、あたかも太陽通貨であるかのごとき扱い方をしてもらえるような場面は、今でも全くないわけではない。しかし、そこに太陽通貨としての実体はない。

▼他国通貨に悩まされるアメリカ

太陽通貨としての実体がないのに、「おまえら、為替操作をしている。行いを改めろ」といくらトランプさんがすごんでも、しょせんは迫力に欠ける。その意味では、「行いを改めろ」の雄叫びも、実を言えば嘆き節に過ぎない。いよいよ、嘆きの通貨としてのドルの表情が前面に出始めつつあると言えるだろう。

ところで、ここで一つ確認しておくべきことがある。トランプさんの諸々《もろもろ》の行状や物の言い方はさておき、こと、日本の通貨政策に関する限り、彼の主張は当たっている。

安倍政権の通貨・金融政策は、その当初から、明らかに円安に一つの照準を当てていた。現に、二〇一二年の総選挙に向けての自民党の政策綱領の中には、「円高からの脱却」が最優先事項の一つとして位置づけられていた。

その後も、一貫して市場に大量の円を送り込んできたわけであるから、これを意図的な為替操作だと指摘されても、否定することはなかなか難しい。為替市場への介入を行っていないというだけで、為替操作国であるとの批判をかわすことには、明らかに無理がある。

何はともあれ、この点は認識しておく必要がある。トランプ的鉄砲も、数を撃っていれば、一つぐらいは当たることもある。

それはともかく、ドルという通貨そのものが、いまや、往年の高笑い通貨でなくなっていることは間違いない。「我らの通貨、おまえらの問題」論も、いまや通用しない。というか、よく考えてみれば、むしろ、この関係はいまや逆転しているとみたほうがよさそうだ。つまり、今日のアメリカにとっては、「おまえらの通貨」が「我らの問題」になってしまっている。ふと気がつけば、それが現実になっている。

トランプ大統領が、あれだけ必死になって日本や中国やEUの通貨政策を目の敵《かたき》にするのは、要するに、アメリカ経済がそれらによって振り回されることを恐れているからだ。トランプ氏は言う。「中国がやっていること、日本が数年来やってきたことをみてみろよ。やつらはマネーマーケットに働きかけている。為替切り下げ操作をやってやがる。それなのに、おれらは与太郎みたいにぼーっと座ってみているだけだ」。二〇一七年一月三一日のトランプ氏の発言を、感じを出して翻訳すればこのようになる。

ドイツに対しては、トランプ政権下で新設された国家通商会議の責任者でもあったピーター・ナヴァロ氏がもっぱら攻撃に出ている。ナヴァロ氏によれば、欧州単一通貨であるユーロは、要するに「隠れドイツ・マルク」だ。そして、この「隠れドイツ・マルク」の相場水準が低いことをてこにして、ドイツが世界に輸出攻勢をかけているのだと言う。

実は、これも半分くらいは本当だと言える面がある。ユーロ圏を構成する一九カ国の経済実態は、実に多様だ。その中には、ギリシャもいれば、イタリアもいる。

ドイツの経済パフォーマンスは、ユーロ圏の中で明らかに突出して良好だ。「今まで、こんなに調子がよかったことはない」。このように、メルケル首相が現状を謳《うた》い上げるほどなのである。このドイツ経済の好調さがそのまま反映されれば、ユーロの通貨価値は確かに今よりもっとはるかに高くて然《しか》るべきところだ。

このこと自体が、どこまでドイツ経済の下支えの要因になっているかは、一概には言えない。だが、ドイツ経済そのものの購買力との関係だけでみれば、ユーロという通貨が相当に過小評価されていることは間違いない。経済実態が異なる国々が、単一通貨を共有すればどうしてもこういうことになる。その問題を指摘している限りにおいては、ナヴァロ氏の指摘に一理ある。

だが、それはそれとして、トランプさんもナヴァロ氏も、他国の通貨に関する苦情の言い方が、いかにもヒステリックだ。あまりにもムキになり過ぎている。この辺りは、完全に嘆き節になっている。

他国通貨の動きに対して、なす術《すべ》がない。自分には、直接的にはどうすることもできない通貨関係の動きが、自分の足元でくすぶっている。それなのに、何もできない。この苛《いら》立《だ》ちが、あの「与太郎みたい」発言につながっているのだろう。

▼ドル高を引き寄せるトランプ

しかも、トランプ・ナヴァロ組にとって、もう一つ厄介なことがある。それは、トランプ政権の政策そのものが、どうしてもドル高を招きやすいという点だ。

この点は、一九八〇年代のレーガン政権の時とそっくりだ。アメリカが大型の拡張財政を展開する。するとアメリカの金利は上がる。資金需要が高まることがそれをもたらすし、金融政策もインフレ警戒スタンスが強まるから、政策面からも金利が押し上げられる。アメリカが高金利になれば、それを目当てに海外から資金が流入する。それがドル需要を増やすから、ドル高になる。

こうして、何も「やつら」が通貨戦争を仕掛けてこなくても、おのずと、ドル高になってしまう力学を、トランプ流は内包している。「我らの通貨は我らの問題」という側面も出てきてしまう。

かくして、「我らの通貨は我らの問題」で、「やつらの通貨も我らの問題」だというわけだ。

この二重苦が、トランプさんの苛立ちをいやがうえにも煮え滾《たぎ》らせることになりそうだ。ドルの嘆きの通貨化は、トランプ政権下でかなり進展する可能性が濃厚になってきた。

嘆きのドルは、最終的にどこにたどり着くことになるのだろう。それは、まだわからない。

ただ、現時点で大いに気になるのは、泣きべそ通貨の開き直りだ。通貨がダメなら通商がある。結局は、そういう方向に向かいそうな気配がある。

いまや「我らの問題」となってしまった「やつらの通貨」に対して、「我ら」が与太郎的にぼーっとしているほかないなら、リベンジは通商でやる。

二国間協定方式で、通商面での譲歩をどんどん勝ち取っていってやろう。そのような方向に向かって、ぐんぐん、舵《かじ》が切られていく。実際、日米間でも、そういうことになりそうだ。

なかなか憂鬱になってきた。この辺りで、少し気分転換をしておこう。そのために、もう一度、一気に歴史をさかのぼる。アメリカの独自通貨としてドルが誕生する前の時期に、再度、目を向けてみたい。

▼入植者たちの奇想天外通貨

イギリスを離れて新大陸に入植した人々は、当初、どんな通貨で取引をしていたのか。彼らは、決して裕福ではなかった。イギリスからポンド建ての財産を持ち込んだが、そんなものは早々に底をついてしまう。金銀財宝など、持っているわけがない。彼らは必死で決済手段を手に入れようとした。手に入れば、スペインの硬貨なども貯《た》め込んだ。だが、それにも、しょせん、限界がある。結局は次第に物々交換の世界に踏み込んでいかざるを得なくなった。

ただ、純粋な物々交換は、どうしても不便で仕方がない。そこで、様々なモノが入植者の中でカネとして機能するようになっていった。なんとか、カネらしく通用しそうなものは、彼らの中ですぐに仮想通貨になった。

その一つがウォンパム（wampum）だった。ウォンパムは貝殻玉である。アメリカ先住民の中で、ウォンパムはとても珍重されていた。そこで、入植者たちもこれを生活物資との交換手段として使うようになったのである。入植の初期のアメリカでは、このウォンパムが相当の通貨性をもつにいたった。

現に東海岸に展開されたマサチューセッツ湾植民地では、一時期、ウォンパムを法定通貨として位置づけていたのである。こうしてみれば、今の世の中において、バラやクマさんがある日突然、法定通貨となっても、決してびっくりしてはいけないのだろう。

あの当時の北米大陸への入植者たちが生んだ仮想通貨は、まだほかにもある。トウモロコシが人気仮想通貨だったこともある。タラもなかなか有力な仮想通貨だった。これらは、主に北部入植地で幅広く用いられたらしい。トウモロコシもタラも、管理がなかなか大変だったろう。特にタラは消費期限の問題をどう克服したのか。希少性という意味では、タラを通貨だと仮想する余地は充分あると思うが。

だが、その希少性も、時間とともに低下する。それをどのように勘定に入れたのか。いざとなれば、食べることで通貨性を停止させていたのか。はたまた、当時の入植者たちは、タラの永久保存法を考案していたのだろうか。

もっとも、永久保存タラにするくらいなら、明らかに、別のやり方がある。ここで思い出していただけるだろうか。日本のあの「切り餅」を。小判二五枚分をかたどった模型をつくる。それを半紙でキレイにくるんで、「二五両」と表書きする。この疑似金包みを、みんなでホントの小判の包みだと思い込めばいい。これぞ、究極の仮想通貨だ。

タラについても、これと同じことをやればよかった。タラの模型をつくって、紙にくるんで「タラ」と書く。それで問題解決だ。そういうことをやっていたという記録は、さしあたり発見することができなかった。だが、ひょっとしたらやっていたかもしれない。

以上は主として北部入植地の仮想通貨状況である。これに対して、南部では、もっぱらタバコが貴重な決済手段となった。タバコといっても、紙巻とか葉巻という意味での「煙草《たばこ》」ではない。葉っぱ状態のタバコである。南部では、これがもっぱらの通貨的人気アイテムになった。

ただ、思えば、これまたタラ並みに、あるいはそれ以上に扱いが厄介だ。かさばるし、管理は大変だし。どう対処していたのだろうとつくづく思う。

実際に、かなり様々な問題が発生したようである。そもそも、品質の一貫性確保が困難だった。天候に左右される面が大きいし、技術の不安定性もあったろう。凶作豊作や、質的な出来不出来の具合によって、通貨としての価値が変わってしまうという事態も発生しがちだったらしい。

保管中の品質劣化も問題だった。倉庫の中で、タバコの葉っぱがどんどん乾燥してパリパリになってしまう。パリパリになればなるほど、粉々になって無価値になる恐れが大きくなる。「タバコ銭」の所有者の中には、性格の悪い人も多くて、「タバコ銭」による支払いに際して、常に一番パリパリ化していて、一番使い物にならない葉っぱを相手に押し付けようとしたそうだ。

新天地を求めて旅に出た入植者たちには、もう少し助け合いの精神が満ち溢れていたのかと思いきや、入植地文化は、存外にせちがらいものだったようである。思えば、実に苛酷な開拓生活を営んでいたわけであるから、それも無理はなかったかもしれない。

なお、疑似タラ包みはつくられなかったようだが、「タバコ証書」はそれなりに使われた模様だ。これも前章でご紹介した「飴ちゃん通貨」に相当する発想だ。実際にタバコの葉っぱをやり取りするのは厄介だ。そこで、例えば「タバコの葉一枚」とか「タバコの葉二枚」とか書いてある紙をやり取りするということは行われていたようである。合理的な対応だ。

ここで一つ知りたくなるのは、この「タバコ証書」が実際にどこまで本当のタバコの葉っぱと「兌換《だかん》」されたかである。兌換時点で倉庫内の葉っぱが全てパリパリの粉々になっていたら、何が起こったのだろう。殺人事件の一つも発生していたかもしれない。

当時の仮想通貨話はまだまだある。釘《くぎ》が通貨化したので、釘を確保するために納屋を燃やそうとする人々が出現したという逸話もある。誰もが必死だったのである。

この辺のことを妄想していると、なかなか楽しい。だが、現実の通貨の世界は、嘆きの通貨、ドルをめぐる攻防が激しさを増しそうで、なかなか気が抜けない。息抜きもしながら、気合いを入れて注視していこう。

第三章　ユーロ　その混乱の源

▼余命短きユーロ

この章では、ユーロをテーマにしたいと思う。

ビットコインやブロックチェーン技術、フィンテックなるものについても考えてみたくて、かなり迷った。だが、ビットコインなど、仮想通貨ならぬ「仮装通貨」と本書で呼ぶことにした存在については、まだまだ通貨的見地からの検討材料が不足している面がある。国々の中央銀行などが急速に関心を示し、様々な試行実験を行うなど、気になる動きは多々ある。そのことを入り口として、どうも通貨なき通貨の時代に踏み込んでいきそうな気配もある。こうした展開をみれば、是非、取り上げたいテーマだ。

だが、もう少し成り行きをみたいとも思う。この分野にどんどん足を踏み込もうとしている金融機関なども、仮装通貨がお目当てなのか、ブロックチェーン型の決済管理体系を確立したいのか、どうも自分たちにもまだ明確にはわかっていないところがあるようだ。通貨なき通貨時代の入り口付近で、紙吹雪とも塵芥《ちりあくた》の類ともつかぬ何ものかの物体群が、怪しげに飛び交っている。このモヤモヤ・ヒラヒラがどんな落ち着き先をみつけそうなのか。着地した時、モヤモヤ・ヒラヒラは、一体、どんな実体をもつにいたっているのか。

その辺のところを注視しながら、本格検討のタイミングを探っていきたいと思う。

それはそれとして、ここでユーロを取り上げておくことにしたのは、なにも、仮装通貨話が時期尚早だから、という消極的な理由からばかりではない。仮装通貨が時期尚早なら、ユーロ話は、あまり先送りしていると、時すでに遅しとなってしまうかもしれないからだ。

なにしろ、ユーロはいつまでもつかわからない。余命いくばくもなさそうにみえる。筆者は、長らくユーロ消滅の日を予見してきたが、どうも、その日がことのほか近づいてきているようにみえる。

むろん、思いのほかしぶとい生命力を示すかもしれない。だが、もしそうだとすれば、それは政治が無理やりにユーロに施す人工的延命措置によってのことだろう。

経済の力学に素直に身を任せるのであれば、どう考えても、今のままのユーロには、あまり長い余命は残されていない。そうとしか思えないのである。

そもそも、ユーロは経済的成り行きが生み出したものではない。政治の都合がつくり出したものだ。その意味で、ユーロこそが究極の仮装通貨だと言えるのかもしれない。考えれば考えるほど、得体の知れない存在にみえてくる。改めて、その得体の知れなさの本質に迫ってみたいと思う。

▼国際経済のトリレンマ

ユーロに切り込んでいくやり方は様々ある。筆者も、各種の視点からユーロの実像の見極めを試みてきた。そんな筆者は、思えば、同じ一つの被写体に執着し続ける写真家のごとしだ。ありとあらゆるアングルから、ありとあらゆるテクニックを弄して、この被写体の本質を写し出そうとしてきた。

そして、この作業を繰り返せば繰り返すほど、この被写体は、その存在自体に無理があるという確信を深めてきた。この章では、どうだろう。また、新たなアプローチをもって、この存在が条理か不条理かを吟味してみたい。

今回採用するのは、「国際経済のトリレンマ」という考え方に基づく手法である。国際経済のトリレンマとは何か。それは、次の三つのことが同時には成り立たないという問題である。

①為替安定
②自由な資本移動

③自律的金融政策

このうち、二つまでを両立させることは可能だ。だが、その場合、どうしても、三つ目の条件を満たすことができなくなる。二つを立てれば、一つが立たず。これが国際経済のトリレンマである。

この三つ巴《みつどもえ》の悩みは、どのような形で発生するのか。まずは、順次、みていこう。少々教科書的な話が続くことになって申し訳ない。だが、ここは基本の整理が肝要だ。基本を押さえた上で、この考え方に基づいてユーロにカメラを向けた時、どんな写真が撮れそうなのかを考えていく。

まずは、①の為替安定と②の自由な資本移動を選択したとする。言い換えれば、カネがなんらの制約もなく国境を越えて移動する状況の下で、自国通貨の為替相場を一定水準で安定させておきたいとする。この場合には、③の金融政策の自律性は諦めなければならない。なぜなら、このケースでは、金融政策は為替相場の動向に振り回されるからだ。

例えば、日本が一ドル＝一〇〇円という水準に、円ドル為替相場を固定するのだと決めたとする。その一方で、日本の金融政策は国内経済のデフレ脱却を目指して、金利をぐっと引き下げる金融緩和措置を実施したとする。すると、資本の国境を越えた移動が自由な状態の下では、低金利を嫌った資金が国内から海外に流出する。国内から海外にカネを持ち出すという行為は、当然ながら円売りにつながる。売りが増えれば、円相場は下がる。つまり、一ドル＝一〇〇円が維持できなくなって、一ドル＝一二〇円まで円安が進んでしまうかもしれない。一ドル＝一〇〇円の固定相場を維持することが大原則なら、この事態は容認されない。したがって、国内向けの金融緩和は断念せざるを得ない。

かくして、①為替安定＋②自由な資本移動の下では、③自律的金融政策は諦めなければならない。

②自由な資本移動＋③自律的金融政策の場合はどうか。カネが容易に国境を越えて移動する環境の下で、独自の金融政策を展開するケースだ。

この場合、国内のデフレ解消を目指して金融を緩和すればするほど、カネがカネを稼ぎ出してくれない状況をいやがって、海外にカネが出稼ぎに出ていく。すると、自国通貨の対外的な価値である為替相場は下落する。いくら一ドル＝一〇〇円をキープしたいと思っても、円相場は一ドル＝一二〇円の方向に向かって下落していってしまう。かくして、②＋③の組み合わせの下では、①為替安定は適《かな》わない。

残るは③自律的金融政策＋①為替安定の場合だ。つまりは、デフレ脱却を目指して金融大緩和を進めながら、それと同時に一ドル＝一〇〇円を堅持しようとするケースだ。

この場合は、②の自由な資本移動は阻止しなければならない。なぜなら、国内から海外にカネが自由に流れ出る状態を放置したままでは、国内の金融緩和が円安を招くという力学を阻めないからだ。

かくして、①＋②でいくなら、③はダメ。②＋③なら①は諦める。③＋①なら②は断念せざるを得ない。つまり、二つを立てれば一つが立たない。これが、国際経済のトリレンマ問題だ。

歴史的にみれば、いわゆる国際金本位制の時代が、①為替安定＋②自由な資本移動の時代であった。

ざっくり言えば、一九世紀半ばから一九三〇年代初頭までがこの時期だった。あの当時においては、国々の通貨の価値は金との関係で固定されていた。そして、国際的な資本移動は基本的に放任されていた。したがって、国々の金融政策には独自展開の余地がほとんどなかった。

戦後のいわゆるブレトンウッズ時代、つまりドルを軸とする固定為替相場制度の時代も、原理的には①為替安定＋②自由な資本移動の時代だったと言っていい。

今日に比べれば、国境を越えた資本の移動力は比べるべくもなかった。だが、カネの移動に対して完全に国境が封鎖されていたわけではない。あの当時、一ドル＝三六〇円の対ドル固定相場を維持するために、日本はしばしば国内の成長刺激策を諦めて、金融引き締めを行わなければならなかった。

ブレトンウッズ体制は、いわゆるニクソン・ショック（一九七一年）をもって終焉を迎えた。この辺の経緯についても、本来であれば、しっかりおさらいしておく必要がある。国際金本位制という通貨システムについても然《しか》りだ。だが、ここでそれをやりだすと収拾がつかなくなるので、別の機会に譲ることとして、先に進もう。

ブレトンウッズ体制が終焉を迎え、ドルを軸とする固定為替相場制度の時代が終わると、世は変動相場制の時代に入った。国々の通貨の為替相場は、折々の需給関係を反映して大きく変動するようになったのである。②自由な資本移動＋③自律的金融政策の下で①為替安定が保障されない時代がやってきた。
③自律的金融政策＋①為替安定で②自由な資本移動を放棄するというのは、要するに金融鎖国体制だ。今の中国が、これに近いことをやっている。

このところ、中国は国内経済の動向が怪しげになっている。局地的にバブル化の兆候が顕著になったり、急に株価が暴落したりする。成長力も不安定化している。こうしたあやうい経済的雲行きを嫌って、資本が国外に逃げ出すようになってきた。そのための手段として、それこそ、ビットコインが突如として大人気を博するようにもなった。

こうした展開が人民元相場の大暴落をもたらしては大変だ。それを回避するために、中国の通貨金融当局は、資本の流出入を厳しく管理する政策に乗り出している。まさしく、金融鎖国によって為替相場の安定と自律的金融政策を守ろうとしているわけである。

▼ユーロ圏は何を諦めているのか

国際経済のトリレンマとは、およそ以上のような問題だ。さて、そこで、このアングルからユーロにカメラを向けてみよう。どんな構図がみえるか。

ユーロ圏については、これを①為替安定＋②自由な資本移動で③自律的金融政策を諦めているケースだとみる考え方がある。その論理は、以下のとおりだ。

ユーロ圏に所属する一九カ国の欧州諸国は、ユーロという一つの通貨を共有している。したがって、ユーロ圏の域内に関する限り、為替変動は発生しない。ドイツのユーロとギリシャのユーロとの間で、為替相場が動くというようなことはない。だから、①の為替相場の安定は確保されている。

同時に、ユーロ圏内においても、ユーロ圏を含むEU全体を通じても、資本は国境を越えて自由に移動する。だから、②の自由な資本移動も成り立っている。

だが、金融政策はECB（欧州中央銀行）に一元化されている。したがって、ユーロ圏に所属する各国にとって③の自律的金融政策を展開する余地はない。

すなわち、ユーロ圏は国際経済のトリレンマのうち、為替相場の安定と自由な資本移動を両立させるために、各国が自律的金融政策を放棄することに合意した経済圏なのである。

このように提示されてみれば、ひとまず、納得はいく。だが、本当にこれが正解なのか。どうも、そうではないように思う。

なぜなら、ユーロ圏に属する一九カ国は、為替の変動から解放されているわけではない。確かに、「一ギリシャ・ユーロ」と「一ドイツ・ユーロ」の関係が変動するわけではない。ユーロ圏内津々浦々、どこへ行っても、一ユーロは一ユーロだ。

だが、ユーロという通貨そのものの価値は変動する。ドルに対しても、円に対しても、ユーロ相場は時々刻々と動いている。その意味でユーロ圏に入ることで、その加入国が為替の変動に一喜一憂せずに済むようになったわけではない。

それどころか、むしろユーロ圏の一員となったことで、国々は自国経済と直接関係のない要因によっても、大きな為替変動にさらされるようになっている。

ギリシャで財政危機が起これば、それに伴うユーロ圏からの資本投資で、ギリシャのみならず、全ユーロ圏加盟国がとばっちりを食うことになる。イタリアの金融機関について経営破綻の懸念が深まれば、それに伴うユーロ安は、全てのユーロ圏の問題となる。「イタリア・ユーロ」だけが暴落したりするわけではない。また、なんらかの理由でユーロ相場が急騰すれば、その影響は全ユーロ圏加盟国に及ぶ。

かくして、ユーロ圏において為替安定が確保されているというのは、もっぱらユーロ圏内においての話である。

いや、この言い方も、決して正確ではない。なぜなら、ユーロ圏は単一通貨圏だ。固定為替相場圏ではない。この両者は本質的に別ものである。ここを混乱なく理解しておかないと、ユーロ圏に関する全ての判断が狂う。だから、この問題には、また後段で立ち戻る。

さしあたりは、今さらではあるが、ユーロはユーロ圏外の通貨に対して自由に変動しているのだということを、改めて確認しておきたい。その限りにおいて、ユーロ圏は決して

①の為替の安定が保障された経済圏ではないのである。

②の資本移動については、とやかく言うことはない。ヒト・モノ・カネ、そしてサービスの移動の自由は、今日のEUの大原則だ。ユーロ圏についても、もとより、これらの「四つの自由」が全面的に確保されている。

ちなみに、EUを離脱することになったイギリスが、この四つの自由について、離脱後、EUとの間でどのような協定を結ぶことになるかが注目されている。四つの自由のうちヒトに関する限り、移動を厳しく管理したいというのが、イギリス側の基本姿勢だ。だが、最終決着の姿はまだまだみえてこない。

それはともかく、ユーロ圏において、資本移動の自由はひとまず基本前提だ。

③の金融政策の自律性については、どうか。前述のモデルでは、ユーロ圏の各国が金融政策の自律性を失っていることに着眼していた。それはそれで異論はない。ユーロ圏の各国には、それぞれの中央銀行が存在する。

だが、彼らに金融政策の個別的独自性はない。ユーロ圏各国の中央銀行が、それぞれの国情や経済実態に合わせて金利を決めたり、通貨供給量を決めたりしているわけではない。金利も通貨供給量も、ECBが一元的に決める。一つの政策金利が全ユーロ圏を通じて適用される。通貨供給量も、全ユーロ圏向けに定められる。

その意味で、ユーロ圏各国の中央銀行は、金融政策に関する自律性を間違いなく放棄している。

▼ECBに金融政策の自律性はあるのか

さて、そこで問題はECBである。ECBには、金融政策の自律性があるか。確かに、彼らは金利と通貨供給量について独自決定権をもっている。

だが、ECBの政策決定には、一つの大きな制約要因がある。それが、実はユーロそのものなのである。ECBには、何がなんでもユーロという通貨の存続を守り抜くという使命が託されている。

それは当たり前だ。そのように思われるかもしれない。確かに、ECBでなくても、およそ中央銀行と名のつくものは、その責任対象である通貨の存続性に責任をもたなければならないはずだ。中央銀行は通貨価値の番人だ。通貨価値の番人が通貨の消滅を許していいはずはない。それはそのとおりだ。

しかし、問題は、ユーロという通貨が普通の通貨ではないということだ。ユーロは、

「合成通貨」だ。無理やりにつくり出された通貨である。経済的必然性があって、おのずと出現してきた通貨ではない。その意味で、前述のとおり、究極の仮装通貨かもしれない。

おまけに、歴史が浅い。

つまり、ユーロという通貨は、そもそも、総じて存在感の希薄な通貨だ。はかない存在なのである。だから、しっかり守ってあげないと、消滅してしまう恐れがある。現に、筆者のように、いつ消滅してもおかしくないと思ってみている人間がいたりする。

第一章と第二章でも考えてきたとおり、通貨は、あくまでも人々がそれを通貨だと認知するから、通貨になる。通貨は、人がそれを通貨だとみなしている限りにおいてしか、通貨ではあり得ない。人がそれを通貨だと認知すれば、それが物体としてバラであろうとクマさんのぬいぐるみであろうと瓦礫であろうと、それは通貨だ。

だが、ひとたび、人々がその物体を通貨として認知しなくなれば、物体は単なる物体に戻ってしまう。これも第一章で言及したとおり、小判だって、通貨性を全く失って骨董品と化してしまうのである。

こうしてみれば、通貨性という概念自体、その存在は実にはかないものだ。ましてや、ユーロのように、何の歴史も形成過程もなく、国々が大急ぎで形成した政治的意思によって出現した通貨となれば、存在感のはかなさもまたひとしおだ。ＥＣＢはそのようなはかなき通貨の番人なのである。

だから、彼らの苦労は並大抵のものではない。常に細心の注意を払ってユーロの存在感を守り、育み、降り掛かる火の粉を払ってやり続けなければならない。現にある時、ＥＣＢのマリオ・ドラギ総裁が「ユーロの存続を守るためなら、なんでもやる」と発言したことがある。ギリシャ財政危機の緊迫感が最高潮に達していた時のことである。

この発言の重みは大変なものだ。中央銀行の総裁がこんなことを口にしなければならないというのも、滅多にないことだ。それだけ、ユーロの通貨性が根本的にあやういということにほかならない。

風前の灯《ともしび》とはよく言ったものだ。ユーロという通貨には、この言い方が本当にぴったりだ。常にあやうくチラチラ揺れる。そんなユーロという名の灯を、ＥＣＢが常に必死で守っている。このような気配りをしなければいけない金融政策には、とても自律性があるとは言えない。ＥＣＢの金融政策は、常にユーロが足かせになっているのである。

▼トリレンマすら成立しないグローバル時代

かくして、ユーロ圏をめぐる状況は奇異だ。為替安定はいたっておぼつかない。金融政策には自律性がない。あるのは、資本移動の自由だけである。三つのうち二つは実現できるトリレンマどころではない。なぜ、こういうことになるのか。

実は、このトリレンマどころではない状況は、グローバル時代の国々の経済運営に共通の特性だと言えるかもしれない。

資本がいとも簡単に、そしてかつてない規模と速度をもって国境を越える。この巨大で超高速化した資本の暴力的な移動力によって、国々の通貨の価値が激震に見舞われる。

国々の金融政策は、常にこのことを意識して事に当たらなければならない。つまり、金融政策の自律性は大いに制約されている。為替関係は資本の勝手気ままな動きに翻弄されてキリキリ舞いする。資本のあまりにも自由な動きが、為替安定と金融政策の自律性を圧倒的な力をもって制約しているのである。奔放な資本の動きを前にして、国々は為替安定と自律的な金融政策の放棄を余儀なくされている。

つまり、グローバル時代においては、国際経済のトリレンマが何レンマでもなくなってしまう。ただひたすら、資本だけが思うがままに爆走していくだけである。

実を言えば、そもそも、地球経済時代に「国際経済」という言い方そのものがなじまない。国際経済という言葉は、国民経済というものが経済活動の基礎単位であることを前提にしている。そこにおいては、国境というものの存在感が大きい。

だが、今は国境なき時代だ。国境の存在感が希薄化している。そのことによって、国際経済のトリレンマという概念自体が、どうも、見直しを迫られていると言えそうだ。国々は、この国境なき時代、何レンマでもなくなった時代を、どう首尾よく共に生きていくのか。これが本源的な経済的テーマになっている。そのように言えそうである。

このような全体状況となっているところにもってきて、ユーロは、まだまだその存在が確立していない通貨だ。なにしろ、一九九九年に現金のやり取りを伴わない大口取引に導入されてから、まだ二〇年ほど。大人になり切ってはいない通貨だ。

しかも、ようやく一〇歳になりかけというような時期にリーマン・ショック（二〇〇八年）あり、ギリシャ・ショック（二〇〇九年）あり。物心ついた頃から、小突き回され通しで今日にいたっている。

本当のところどんな通貨なのか、自他ともにその見定めができないまま、資本の越境力がひたすら高まるグローバル時代の荒波に揉《も》まれ続けてきた。ただでさえ、通貨の安定基盤が希薄化している中でも、ことのほか、足元が定まらない状況の中をあっちへフラフラ、こっちへフラフラしてきた。

ECBの金融政策が、このフラフラ通貨の存在基盤を守るために命がけとなるのも、驚くに値しないことである。

▼ユーロ誕生前史

思えば、統合欧州の通貨体制にも、国際経済のトリレンマ問題が当てはまる時代があった。それは、一九七九年から一九九三年までのことである。

この間の統合欧州には、EMS（European Monetary System：欧州通貨制度）というものが存在した。そのERM（European Exchange Rate Mechanism：欧州為替相場メカニズム）が、まさにこのトリレンマ的力学をもって、またEUになる前の統合欧州、すなわちEC（European Community：欧州共同体）にそれなりに安定した通貨秩序をもたらしていたのである。

なお、ここで前記の「一九七九年から一九九三年まで」という言い方に注釈を施すことが必要だ。制度としては、ユーロ体制が発足する一九九九年までEMSが存続していた。だが、その為替相場メカニズムであるERMがまともに機能していたのは、一九九三年までのことである。その意味で、実質的に意味のある形でのEMSの存続期間を一九九三年までとして大過ないと考えられる。

ERMの仕組み自体をここで詳細に解説しだすと、紙幅が足りなくなる。詳しくは拙著（『EU消滅』朝日新聞出版、二〇一五年）でご確認いただければ幸いだ。

実態的に言えば、ERMは次第に西ドイツ・マルクを基軸とする事実上の固定為替相場制度として機能するようになっていった。西ドイツ以外のERM参加国は、西ドイツ・マルクと自国通貨との関係をあらかじめ定められた固定レートで可能な限り安定させることを目指すようになった。そのことが、国内向けの金融調節においても、国々の指針となる。そのような方向に向かって、EC内の通貨事情が動いていったのである。西ドイツが金利を上げれば、その他諸国も金利を上げる。西ドイツが金融を緩和すれば、他の国々も金融緩和を進める。

こうして、他の国々の金融政策は西ドイツのそれと連動することが基本原理となり、その意味で自律性を失っていった。だが、その体制を取っていれば、資本が自由に移動する中でも、自国通貨の対西ドイツ・マルク相場が大きく崩れることはなく、安定した為替環境の下で経済運営を進めることができた。

つまり、西ドイツ以外のＥＲＭ参加国は、①為替安定と②自由な資本移動と③自律的金融政策のうち、最後の一つを西ドイツに貢ぎ物として捧《ささ》げることになった。だが、その見返りとして、彼らは、持続的な経済通貨的安定を西ドイツからプレゼントしてもらうことになったわけである。

ここで、一つ注意を要する点がある。それというのも、以上のように書けば、統合欧州の事実上の基軸通貨国となった西ドイツが、そのことによって、国際経済のトリレンマから解放されたかにみえてしまうからだ。

基軸通貨国は、自国通貨と他国通貨の関係を気にする必要はない。自国の金融政策の方向性を考える上でも、他国の状況などを配慮する必要はない。それらのことは、全部、他の国々が気配りするべきことだ。これが基軸通貨国の特権なのか。ある程度までは、そのとおりである。

しかし、基軸通貨国といえども、通貨と金融をめぐって完全に勝手気ままが許されるわけではない。あまり無茶な好き勝手をやれば、それについてこなければならない他の国々が迷惑する。やっぱり、それなりに節度ある経済運営を求められることになる。

ちなみに、前述のブレトンウッズ体制が崩壊したのは、アメリカがこの基軸通貨国的節度を担うことがイヤになってしまったからである。つまりは、それに耐えられる力がなくなったということである。

それはそれとして、話を戻そう。ＥＲＭは、事実上の西ドイツ・マルク基軸を体制化することで、当時の統合欧州に経済通貨的安定をもたらした。この関係が続いていれば、今なお、ユーロという通貨は誕生していないだろう。だが、一九九〇年代に歴史が足を踏み入れようとする頃、この構図を崩す大変化が生じた。

もうおわかりだろう。その大変化とは、ベルリンの壁の崩壊だ。ドイツという国を東西に分断していた壁が崩れ落ち、それとともに世界を東西に分断する冷戦体制が終焉した。この歴史的大展開が、統合欧州の通貨状況にも大きな変異をもたらしたのである。その帰結がユーロであった。そのように言うことができる。

ベルリンの壁が崩れて東西ドイツが統合され、統一ドイツが出現した。この展開がもたらした通貨的変異には、二つの側面があった。

第一に、それまでの西ドイツ・マルクがなくなり、それに代わって統一ドイツの通貨であるドイツ・マルクが生まれた。第二に、そのことに伴って、それまでのERM体制を支えていた経済力学が崩れた。

むろん、この両者は無縁ではない。ERMが事実上の西ドイツ・マルク体制となったのは、まさに西ドイツ・マルクが西ドイツ・マルクだったからにほかならない。西ドイツ経済の安定感ある均衡ぶりと、その維持存続に全身全霊を傾けるドイツ連邦銀行（連銀）の金融政策。これがあればこそ、西ドイツ・マルクの事実上の基軸通貨としての位置づけが確立し、それを礎としたERMの安定が成り立ったのである。

事実、新生の統一ドイツにとって、東ドイツ側の経済変革は多大なる負担と苦労を伴った。さしあたりはインフラ整備のための公共事業が建設バブルを引き起こした。それまでの西ドイツにはおよそ無縁だった物価の高騰を抑え込むため、ドイツ連銀は厳しい金融の引き締めを強いられた。

こうしてドイツ経済が高金利化すれば、ERM参加国も、それに追随して金利を引き上げざるを得ない。それに耐えられない国々は、国内経済の安泰を取るか、通貨価値の安定を取るかという選択を迫られた。

このトリレンマならぬジレンマに振り回されたのが、ポルトガルであり、スペインであり、イタリアであり、フランスであり、そしてイギリスであった。

そうこうする中で、一九九三年にＥＲＭは事実上の機能不全状態に陥った。それでもなお、形式上はその体制が継続される中で、統合欧州内の通貨的議論はユーロ導入の方向に突き進むことになったのである。

▼政治的パニックがユーロを生んだ

さて、この顚末《てんまつ》をみる限りにおいては、西ドイツが統一ドイツに変貌したことに伴う経済的変調が、ＥＲＭ体制という事実上の固定為替相場制度から、単一通貨ユーロの導入に向かう展開を必然化したように考えられる。確かに、そのような力学が働いた面はある。だが、決してそれが全てではない。あの時点でユーロ体制への移行が進んだ最大の要因は、経済的力学もさることながら、政治的思惑が決め手になったと言える。筆者はそう考えてやまない。政治的思惑というよりは、政治的パニックと言ったほうがいいだろう。

どのようなパニックだったかと言えば、それは、統一ドイツが統合欧州の中軸的存在となること、そして、その通貨である統一ドイツ・マルクが統合欧州の基軸通貨となることであった。

物言わぬ経済大国。これが、従来の統合欧州における西ドイツの位置づけだった。政治的リーダーシップはフランスが取る。西ドイツは、その経済力をもってバックアップに回る。これが、欧州の戦後を支えてきた独仏枢軸の役割分担だった。

だが、西ドイツが西ドイツではなくなり、かつては東側陣営の一角を形成していた東ドイツを取り込んだとなると、この役割分担があやうくなってくる。

西ドイツはその経済力を旧東ドイツの立て直しにも投じなければならなくなる。そして、その政治運営においては、視線が次第に東へ東へと向いていく。少なくとも、統合欧州の他のメンバーたちは、そのように警戒した。東ドイツを入り口として、東欧圏に勢力を拡大しようとするのではないか。

このような読みと勘繰りと恐怖心。それが、ユーロの誕生を大いに後押しした。統一ドイツの勢力を、ユーロ圏という器の中に封じ込めてしまいたい。このパニック的願望が、ユーロの誕生を決定的にした。それが、当時の顛末だった。

▼静寂のオアシス——もしもERMが存続していたら

もしもあの時、ユーロ導入への舵の切り替えが行われていなかったらどうか。統一ドイツ・ショックに伴う混迷をなんとかしのぎつつ、ERMの存続を図るという方向に、統合欧州の統一意志が働いた。そのような展開だったら、どうなっていたか。

恐らく、結構な通貨的安定が、再び統合欧州のものとなっていただろう。

現に、今のドイツは財政も黒字、対外収支も黒字、物価もそれなりに安定している。雇用情勢も良好だ。そんなドイツの金融政策に他の国々が追随していれば、なにかと波瀾万丈なグローバル経済のただ中にあって、ひとりEUだけが経済通貨的安泰を享受していたかもしれない。

こう書いたところで思い出す。ECBの初代総裁、ウィム・ドイセンベルクが、かつて、通貨波瀾のただ中にあっても、ユーロ圏は「静寂のオアシス」であり続けると言ったことがある。

この発言をあざ笑うように、その後のユーロ相場は激しい乱高下に見舞われることになった。静寂のオアシスどころか、ユーロ圏の存在が、リーマン・ショックの衝撃から国々を守ってくれることはなかった。ギリシャの財政危機は、ユーロという存在がなければ、果たして発生したか。そもそも、ギリシャの財政が破綻につながるような膨張を遂げたのも、ユーロ圏に仲間入りしたことで、急に借金がしやすくなってしまったことが遠因だった。静寂のオアシスならぬ波瀾のるつぼ。それが今日のユーロ圏である。

仮に、ＥＲＭが今なお存続していたら、それこそ、本当に静寂のオアシスが実現していたかもしれない。統一ドイツの出現にパニックとなった政治の早とちりがなければ、統合欧州の内なる結束が、今ほどに乱れることもなかったかもしれない。右翼的排外主義政治の台頭もなかったかもしれない。イギリスのＥＵ離脱も、まだ先のことだったかもしれない。

通貨的に道筋を読み間違えることは、かくのごとく怖い。

今のＥＵ内のどこかに、ＥＲＭからユーロへの移行期のことを思い出している人々がいるだろうか。いてほしいと思う。歴史を逆走させることはできない。だが、歴史から学び取れることはたくさんある。ユーロ誕生の顚末は、その意味で教訓の宝庫だ。我々は、折に触れてあの時を振り返り、あの時に立ち戻ってみる必要がある。

第四章　「仮想通貨」の仮装を暴く

▼マネーのマネをする「仮装通貨」

皆さんは、『鏡の国のアリス』をよくご存じだろう。『不思議の国のアリス』の続編である。アリス・シリーズの生みの親が、これまたご存じのとおり、かの超シュールな文学者、ルイス・キャロルだ。

この『鏡の国のアリス』の中に、「セイウチと大工」という題の詩が出てくる。とてつもなく長い詩だ。それを、そっくりさんの二人組、トゥイードルダムとトゥイードルディーがアリスに向かって延々と披露してくれてしまう。いやいやながら拝聴するアリス。

この長編詩の中に、次の一節が出てくる。

セイウチいわく、「その時が来た」。「多くのことについて語るべき時だ。靴や、船や、封蠟《ふうろう》や。さらにはキャベツや王様や。そしてなぜ海が沸き立つように熱いのか。そしてまた、豚に羽根が生えているのかどうか」

（筆者訳）

筆者の勝手な翻訳で恐縮だが、この感じが、今の筆者の心境にかなりピッタリくるのである。今、まさに、その時が来た。

何の時が来たのかと言えば、いわゆるビットコインなど「仮想通貨」について語るべき時だ。第三章では、このテーマについて語るのが、まだどうも、時期尚早に思えると申し上げていた。あれから一定の時間が経過した今、そろそろ「その時が来た」という感をもつにいたっている。

セイウチさんの靴と船と封蠟になぞらえて言えば、筆者はコインや箱や網について語りたい。さらには、さんまや銀行さんについても語りたい。そして、なぜ、コインのバブルが沸き立つように熱いのかも考えたい。そしてまた、コインに通貨的羽根が生えているのかどうかも追求したい。

繰り返し申し上げているとおり、筆者は、そもそも、ビットコインなどを「仮想通貨」と呼ぶことに抵抗がある。第一章で記述したとおり、全ての通貨は基本的に仮想通貨だ。人が通貨だと仮想したものが通貨になるからだ。

その意味では、ビットコインをはじめ、ネット上の諸々の暗号通貨をあえて「仮想通貨」と呼ぶことに違和感があるのだ。

そもそも、それらの暗号通貨を通貨だと仮想している人々がどれだけいるのか。実は、かなり多くの人々が株式とほとんど変わらない感覚で暗号通貨たちをイメージしているのではないか。

そして、このイメージが強まれば強まるほど、コイン・バブルの海が熱々に沸き立ってしまうのではないか。そのように思える。この点については、後ほど改めてご一緒に考えてみたい。

それはそれとして、第三章でも申し上げたとおり、ここでは、世の中で仮想通貨と呼ばれているコイン群を「仮装通貨」と呼ばせていただきたい。通貨に仮装している存在だ。マネーのマネをしている。こう言えばダジャレが過ぎるか。

▼ビットコインの由来

ダジャレはさておき、セイウチ方式にしたがって、以下に仮装通貨の諸側面を検討していきたい。まずは、コインと箱と網である。

ビットコインという仮装通貨が、二〇〇九年に世にデビューした。ここが全ての始まりだった。

ビットコインの生みの親が「ナカモト・サトシ」さんである。サトシさんが何者であるかは、誰もわからない。実は、何者ではなくて、何物と言ったほうがいいのかもしれない。ひょっとして、かのアルファ碁みたいなＡＩさんだったりするかもしれない。今の行方もわからない。かなり「鏡の国」的な存在だ。

“Bitcoin”の“bit”は“binary digit”の省略形で、コンピュータが扱う情報の最小単位である。

ちなみに、“bit”という英語には「破片」とか「ほんの少し」の意味がある。最小単位だから“bit”だという掛け言葉的な意味も込められているかもしれない。日本語でいえば「チョビット」の感じだ。というわけで、仮装通貨はチョビット怪しい？　どうも今回はダジャレに流れる傾向が出ていけない。引き締めていこう。

▼ブロックチェーンは箱網システム

ビットコインを技術的にサポートしていたのが、さしあたり、これまた一世を風靡《ふうび》している「ブロックチェーン」技術だ。日本語では、「分散型台帳」技術などという。このブロックチェーンなるものをどう理解するか。ここで語りたいのが箱と網というテーマだ。天網恢恢疎《てんもうかいかいそ》にして漏らさず。

この言い方の意味するところは、ご承知のとおりだ。天が投げ打つ網は広大な広がりをもつ。スケールが大きいだけに目も豪快に粗い。だが、悪人はその粗い目を決してすり抜けることができない。天の正義の雄大さをとてもよく表現した言い方である。

これに模して言えば、ブロックチェーン方式は、さしずめ、「箱網《そうもう》キチキチ密にして漏らさず」という感じになるのかと思う。

仮装通貨によるネット上の取引が発生すると、その記録が、やはりネット上でブロックという名の箱の中に収められる。ブロックの中には個別取引とその決済・清算に関わる重要情報が全て収納される。きちんと暗号化されているから、箱の中身を悪人どもが改ざんすることはできない。少なくとも、ブロックチェーン設計者たちはそう自負している。

個別取引の箱が鎖（チェーン）状につながり、全取引体系のネットワークすなわち網を形づくる。箱と箱のつながり方についても、高度な暗号テクニックを駆使して、連関性が明確になる。箱間のつながり方の性格も箱内情報としてしっかり格納される。侵入者を許さないタイトなシステムだ。

恢恢どころか、キチキチに管理されている。この網の目は、とっても細かくてとっても密なのである。だから、何も漏れ出すことはない。

天網と箱網には、もう一つ大きな違いがある。天網は天が投げ打つから天網だ。神様が責任をもって一手に網を投げる作業を引き受けてくれている。神様集中管理システムだ。

これに対して、箱網のほうは徹底した分散管理システムである。だから、分散台帳という言い方をする。

箱網の管理者たちのことを、ブロックチェーン用語では「マイナー」という。採掘者の意で、元々はビットコインをネット上で掘り出すことに打ち興じる人々を指していた。今もその側面を残しているが、日常的には、箱網体系の監視管理集団として機能している。彼らは神様ではない。生身の人間集団だ。あるいは、生身の人間集団が操作しているコンピュータ群団だと言ってもいいだろう。

いずれにせよ、彼らは神様ではない。だから、単独自力では、キチキチと箱網を管理できない。そこで集団を形成している。純粋に好きでやっている網師もいれば、網師商売に賭けている向きもある。商売網師のお目当ては、手数料だ。ビットコイン取引の箱網キチキチお仕事に携わると、ビットコイン建ての手数料が手に入る。それをビジネスにしているマイナーたちが増えている。いずれにせよ、彼らの顔ぶれは多様だ。

だから素晴らしい。仮装通貨と箱網方式のサポーターたちはそう言う。天網を投げてくる神様などには牛耳られたくない。人民の人民による人民のための決済システム。それがブロックチェーンだと言う。

これぞ、究極の通貨金融民主主義だ。通貨の世界を中央銀行たちから我らの手に取り戻せ。中央銀行家たちの神様幻想を打ち破れ。それが、ビットコイン出現当初の触れ込みだった。

▼「仮装通貨」は金融民主主義の守護神か

その意味で、デビュー段階での仮装通貨設計集団には、どこか正義の味方気取りの愉快犯的雰囲気があった。

「正義の味方気取り」という言い方は少々失礼かもしれない。純粋に、本気で国々の中央銀行たちと、その通貨管理のあり方に腹を立てていたのかもしれない。

前述のとおり、ビットコインのデビューが二〇〇九年一月だ。リーマン・ショックの発生が二〇〇八年九月である。

この時系列的関係に着眼すれば、ビットコインとブロックチェーンは、金融資本主義を撃退せんとする金融民主主義の二つの旗印だったのかもしれない。これは深読みに過ぎるとしても、そこに一種の通貨的理想主義を見いだすことができないこともない。

だが、仮にそれが当初の仮想通貨思想だったとしても、今日の現実はかなりそこから遠ざかっている。マイナーたちの中にも、寡占的傾向が出現しだしているらしい。イツワリの天網の地位を獲得しようとするマイナー集団が出てきた時、仮装通貨民主主義は、みずからをその攻勢から守り切れるのか。

この問題と関わりがあると思われるのが、メディアを騒がせたビットコインの「分裂」問題や、ビットコイン以外の仮装通貨の雨後の筍《たけのこ》のごとき出現問題だ。

ビットコインの設計思想の一つが、その供給量が無制限に増えないということだった。ビットコインはその設計上、ネット上に出回る分量に上限が設定されている。この上限を超えるビットコイン発行はあり得ない。

ここここそ、中央銀行がその裁量でいくらでも発行できる既存通貨との大きな相違点だ。ここにこそ、通貨秩序の番人としてのビットコインの優位性がある。これもまた、ビットコイン・サポーターたちの声高な主張だった。

だが、今のようにビットコインが分裂したり、競合仮装通貨が出てくるようになれば、そこには、やはり無制限な通貨増殖の可能性が生じてくる。仮装通貨が金融民主主義の守護神となることは、そう簡単ではなさそうである。

▼怪しい魅力を失う仮装通貨

さて、次にさんまと銀行さんの話に移りたい。

まずはさんまである。さんまと仮装通貨の関係やいかに。さんま漁の状況をブロックチェーン技術を使って管理するとでも言うの？　そのように思われる向きもおいでになるかもしれない。さにあらずだ。

もっとも、そんな発想もいずれどこかから出てくるかもしれない。現に、有機野菜の生産履歴をブロックチェーン化することで、消費者がスマートフォンから野菜の生産履歴を確認できるようにしている事例などがある。ブロックチェーン方式を海運業の船舶航行管理に応用しようという構想もあるようだ。さんま漁だって、そのうち、箱網方式でキチキチ漏らさず制御されることになってもおかしくないだろう。

だが、それはそれとして、筆者がここで語りたいと思うのは、さんま漁のことではない。皆さんは、「目黒のさんま」という題の落語をご存じのことと思う。テーマはこれだ。お殿様が目黒まで鷹狩《たかがり》に出る。目黒ですっかり腹ペコとなる。ところが、なんと、家来がお弁当を持ってき忘れている。そこに、折よく目黒の住人が焼いているさんまの香ばしき香りが漂ってくる。焼きたてのさんまを満喫して、お殿様は上機嫌。その味が忘れられない。

そこで、ある折、宴会のメニューにさんまを所望する。慌てた家来たちは、急遽《きゅうきょ》、お殿様にふさわしいさんま料理を考案する。それは、何やらさんまをツミレにした品良きお椀物《わんもの》みたいになってしまう。それを一口食べたお殿様、これは一体どこのさんまだと問いただす。家来たちは、日本橋の魚河岸のものですと答える。するとお殿様いわく、「それはいかん。さんまは目黒に限る」。

さて、一体この話と仮装通貨にどういう関係があるのか。その心は「変わり果てたお姿」である。

日本では、二〇一七年四月から改正資金決済法が施行された。それによって、仮装通貨は通常の既存通貨と同じ扱いをされることになった。モノではなくてカネになったのだ。したがって、その売買に消費税はかからない。仮装通貨の取引所についても、従来の放任状態から登録制となるなど、管理体制が整ってきた。投資家保護に向けての対応や、会計上の取り扱いに関する議論なども進む方向にある。こうした展開が進んでいくとどうなるか。

すぐおわかりいただけるとおりだ。諸々の体制が整備されればされるほど、仮装通貨は既存の仮想通貨（法定通貨）に近づいていく。

マネごとマネーではなくて、普通のマネーに接近していくことになるわけである。目黒のさんまが、ツミレ化した魚河岸さんまに変身する。そのプロセスと同じことが、仮装通貨にも起こるということになる。骨が抜かれ、形が崩れ、崩れた形がお団子にまとめなおされる。かくして、どこがさんまなのかわからないさんまができあがる。

同様に、仮装通貨も次第にそのワイルドさや新鮮さを失っていく。仮装通貨らしくいさか怪しげで、チョビット魅力的な香りが褪《あ》せて、普通の仮想通貨の枠内に収まっていく。

そういうことになりそうな気配も出てきた。

それはそれで、当然の成り行きではある。仮装通貨がマネごとマネーの域を脱していきたいのであれば、ホントのマネーに近似していくのは当然だ。

ただ、それなら何のための仮装通貨なのかわからない。何のために箱網キチキチで頑張るのかもわからない。もっとも、箱網技術のほうは有機野菜や海運関連でお役に立つ道があるだろう。

さらには、すぐに後述するとおり、箱網技術は従来型の通貨金融システムの中にも生息場所が形成され始めているのである。

言い換えれば、仮装通貨と箱網方式のディカップリングが起こり始めているということだ。

▼ワイルドになっていく銀行決済システム

ここまで話が進んだところで、次の語るべきテーマ、すなわち、銀行さんの世界に目を向けていきたい。この話の勘所も、結局のところはやっぱりさんまだ。

仮装通貨が目黒のさんまのツミレのさんま化現象に直面しているなら、銀行さんの世界では、逆にツミレのさんまの目黒のさんま化を進めようとする動きがみてとれる。

要するに、多くの既存金融機関が箱網手法を取り入れることによって決済の高速化と低コスト化を図ろうとしているのである。メガバンク然り、地域金融機関然りだ。単独で箱網型の決済を取り入れたり、連合体を組んで箱網取引の実証実験に取り組んだりしている。

これまでの銀行の世界は、そこから極力ワイルドさを排除することに力を入れてきた。むろん、銀行自体としてのリスク・ビジネスは様々な形で幅を広げてきた。

中でも、顧客相手の送金や決済ビジネスについては、さすがにリスクの最小化を旨として手間暇をかけ、コストもかけてきたのである。お客様のために鉄壁確実な決済システムを確保する。粗削りさや不確かさを徹底的に排除する。目黒的なギラギラ感や骨っぽいものを一切抜き取り、おだやかなツミレ的体制を構築する。その落ち着いた味わいを前面に出してきた。それが、これまでの銀行の決済システムだった。

だが、ツミレ方式にはコストがかかる。時間もかかる。それはそうだろう。目黒のさんまは、ただ単に炭火の中に放り込むだけである。焼き網を使うわけでもない。串に刺したりもしない。だから速い。安上がりでもある。それに比べて、ツミレ方式は大変だ。手間暇がかかる。そして時間がかかる。銀行経由の送金や決済は、手数料と所要時間が人々をうんざりさせる。

特に国境を越えてカネを動かそうとすると大変だ。国際銀行間通信協会（ＳＷＩＦＴ）のシステムに中継してもらったりしなければならない。その分、遅いこと、高いこと。出稼ぎ労働者が本国に小口送金をしようとする時には、下手をすれば送金する金額並みの手数料がかかる。いつ、家族の手元に大事な稼ぎが届くかわからない。

あるいは、海外留学中のお友達に、その国の人気グッズを代理購入してもらったとする。

グッズのほうは、国際宅配便ですぐ手に入る。ところが、お友達が立て替え払いしてくれた代金を国際送金しようとすると厄介だ。こういうケースでは、立て替え払いの金額はかなり少額なのが通例だ。すると、送金手数料のほうが実際の送金額よりはるかに大きくなってしまうケースがある。しかも、時間がかかっているうちに、為替差損まで発生することになりかねない。このリスクをどっちが負担するのか。それをめぐって友情が壊れる危険性も濃厚だ。

ツミレのさんまのこうした不具合が利用者を泣かせている状況の中に、目黒のさんまの仮装通貨が躍り出てきた。こういうことになると、銀行さんたちにとっては大いに脅威だ。これはもう、自分たちが目黒化するしかないだろう。そういうわけで、多くの銀行たちが仮装通貨と箱網キチキチの領域に急接近中なのである。

一例をみよう。三菱ＵＦＪ銀行が、発行予定の「ＭＵＦＧコイン」は、一ＭＵＦＧコイン＝一円の仮装通貨だ。すでに行内実験などが始まっている。

利用者は、自分の三菱ＵＦＪ銀行口座にある資金をスマートフォン上のアプリを使ってＭＵＦＧコインに両替する。このＭＵＦＧコインは、要するに送金可能な電子マネーだ。瞬時にして、個人間で送金できてしまう。わざわざ銀行に出向いてＡＴＭから相手の口座に振り込んだりする必要がない。時間差ゼロ。手数料極小。これなら、友情にもひびは入らない。

MUFGコインは基本的に国内における送金の利便性向上を目指している。だが、国境を越えた銀行間大口取引の世界にも、目黒化の流れはどんどん及んでいく展開になっている。

送金効率化に向けてのツミレのさんまたちの目黒のさんまの世界への踏み込みぶりは、実に積極果敢だ。それだけ、背に腹は代えられない切迫感が強まっているということだろう。

▼なぜ中央銀行は法定通貨の電子化を目指すのか

同じ銀行の世界の中でも、一味違う形で仮装通貨問題と向き合っているのが、国々の中央銀行である。既存の仮想通貨の番人である彼らにとって、仮装通貨の出現が、かなり厄介な問題であることは間違いない。

マネごとマネーがネット上を好き勝手に飛び回る状態は、通貨秩序の維持を明らかに難しくする。頭の痛い状況だ。

だが、彼らもさすがに単に手をこまねいているわけではない。彼らもまた、箱網方式の有効活用を考えている。ブロックチェーン的手法を、中央銀行間の送金・決済にどこまで使えるか。

日本銀行とＥＣＢが共同研究に乗り出している。イングランド銀行は、独自にブロックチェーン方式の従来型決済システムへの応用実験に取り組んでいる。カナダ中銀も然りだ。カンボジア中銀は、日本のＩＴベンチャーが開発したブロックチェーン方式を取り込んで新たな決済インフラの構築を進めようとしている。

国々の中央銀行は、こうして箱網方式の応用性能をテストしながら、もう一つ別の課題に目を向けている。それは、既存の仮想通貨すなわち各国の法定通貨の電子マネー化である。

思えば、仮装通貨が華やかに舞い飛ぶのは、法定通貨が「送金できる電子マネー」化していないからにほかならない。三菱ＵＦＪ銀行がＭＵＦＧコインを導入しようとしているのも、円という通貨のままでは、高速低コスト送金方式に乗せることができないからだ。

ここでもし、円が完全に電子マネー化していて、そのネット上の決済システムが確立しているのであれば、何も、円をＭＵＦＧコインに変換する必要はない。

仮装通貨（世間の言う仮想通貨）に関する典型的な解説文に、次のようなものがある。

紙幣や硬貨などの実物がなくインターネット上でやり取りするお金。円やドルなどと異なり中央銀行にあたる管理者がいない。（「日本経済新聞」二〇一七年五月二日付朝刊）

日経新聞がしばしば用いている用語解説だ。この解説を皆さんはどう思われるだろう。これで本当にいいのか。

この解説文が対象にしているのは、ビットコインをはじめ、本書で言っている仮装通貨群である。だが、今後、もしも国々の法定通貨が総じて電子マネー化していくようであれば、これらについても、「紙幣や硬貨などの実物」はなくなる。

現に、スウェーデンの中央銀行であるリクスバンクは、スウェーデン・クローナの徹底電子通貨化を目指している。多くの中央銀行がリクスバンクの後に続けば、どうなるか。そして、それらの電子化された法定通貨が独自の箱網方式を通じてやり取りされるようになった時、仮装通貨側では何が起こることになるだろう。

▼ICOコインのバブルがはじける時

この点との関わりで考えたくなるのが、既述の「なぜ、コインのバブルが沸き立つように熱いのかも考えたい」問題である。コイン・バブルと言うほかはない様相を呈しているのが、「ICO」の世界である。

ICOは“Initial Coin Offering”の頭文字である。「新規仮想通貨公開」が日本語名称だ。「IPO（Initial Public Offering：新規株式公開）」になぞらえたネーミングである。

資金調達をしようとする企業が、ネット上でICOを売り出す。投資家はこの「仮想通貨」を円やドルなどの既存通貨を支払って購入する。このやり方でアメリカのベンチャー企業などが瞬時にして大量の資金調達に成功しているのである。

このICOは一体何ものか。

「新規仮想通貨公開」と言っているが、ICOの通貨性は極めて低い。ネット上でごく限定的な利用価値があるだけだ。しかも、ICOで集めた資金が何のために使われようとしているのか、必ずしも明確でない場合もある。

「あっと驚くようなことをしようとしています。どうか、この驚異的ベンチャーに資金をご提供下さい」。そのような調子で投資家を募っている場合がある。

この辺りは、どうも一八世紀のイギリスを想起させるものがある。

当時のロンドン金融街、いわゆる「ザ・シティ」は株式市場の黎明期《れいめいき》にあった。途方もない儲《もう》け話が飛び交った時代だ。「誰も知らない謎の大儲けのための事業会社」株などというものが、それこそ新規公開されたりした。そして、そのような荒唐無稽な新規公開株にも投資家が殺到したのであった。

このところのICO騒動には、まるであの当時のイギリスにタイムスリップした観がある。

なぜ、ICOコインのバブルはこのように沸き立つように熱いのか。新たな決済手段の出現に人々が期待をかけているのか。既存の仮想通貨への信頼感の低下がもたらしている動きとみるべきか。どう考えても、このいずれでもないだろう。

これは、事実上の株式投機だ。そうとしか思えない。儲け話に人々がつられているだけのことである。

バブルは必ず破綻する。仮装通貨バブルの顚末がどうなるか。これからの展開が要注意だ。ICOの値上がり期待が思うように実現しなかった時、沸き立つ熱さは波瀾の嵐に一変する。仮装通貨恐慌が我々を待ち受けているのかもしれない。

▼コインに羽根は生えているのか？

さて、いよいよ最後の「語りたいこと」である。それが、「コインに通貨的羽根が生えているのかどうか」であった。つまり、通貨がどこまで幅広く通用するか、だ。

ここまで来れば、答えはほぼみえてくる。通貨の仮装をしたコインたちには、今のところ、通貨的羽根はほとんど生えていない。まずは、そう結論づけざるを得ないだろう。「鏡の国」のセイウチさんが思いを馳《は》せた「羽根つき豚」よりも、「羽根つきコイン」のほうが、どうも現実味が乏しいように思える。

もっとも、いつまでもそうだとは言い切れないだろう。しょせん、通貨は人の思いと信頼にその通貨性を依存している。だから、マネごとマネーが次第に通貨的実態をもつことが、全くあり得ないとは言い切れない。

だが、今のところ、ビットコインもMUFGコインも、結局は、既存の仮想通貨が存在している空間でしか、通貨的な羽根を羽ばたかせることができていない。

彼らが羽ばたく空間に、国々の法定通貨たちがデジタル化してなだれ込んでくれば、コインの背中に生え始めたひ弱な羽根はすぐさま抜け落ちてしまいそうである。

ここまで来たところで、最終的に残った問題は何だろう。なお、語るべきことがあるか。問題が二つありそうだ。

第一に、通貨的な羽根が生えない仮装通貨は、今後いかなる命運をたどるのか。羽根なきコインたちはどのように身を処すべきなのか。

第二に、既存の仮想通貨について、どこまで電子化を認めていいのか。完全デジタル化に問題はないのか。順次、考えてみよう。

▼ビットコインの命運

第一の問題について言えば、結局のところ、コインたちは仮装を脱ぐべきなのだろうと思う。通貨的仮装を脱いで、投機性金融商品あるいは新種の株式として生きていく。それがいいのではないかと思う。

「箱網キチキチ密にして漏らさず」技術についてはどうか。

ブロックチェーン方式はそれなりに面白い。その「民主性」をもう一度、再確立することを考えてもいいかもしれない。一人の大番頭さんが帳簿を一手に管理しているというやり方には、確かに不正経理の落とし穴がつきまとう。衆人環視体制は、それ自体としては結構なことだ。

だが、「キチキチ密」には、どうもキチキチであればあるほど、密であればあるほど、思わぬ破綻の危険性がつきまとうように思う。集団責任体制は、まかり間違えば集団無責任体制に変質してしまう。

ブロックチェーン方式（分散型台帳方式）の無謬性《むびゅうせい》神話については、批判や疑念も提示されるようになっている。台帳を分散しさえすれば、全ての問題が解決するというわけでもないだろう。

▼デジタル化がもたらす全体主義

第二の点についてはどうか。全ての通貨がデジタル化してしまう。この方向性に問題はないのか。現象的に言えば、すでに多くの国々でその方向に向かって実態が動きつつある。それは事実だ。

中国経済はキャッシュレス化が極めて顕著だ。スマホ・アプリを使ったモバイル決済が圧倒的に主流となっている。「現金お断り」のお店も増えているらしい。

既述のとおり、カンボジア中銀は電子的な決済システムの整備を急いでいる。それが火急の課題となっているのは、人々の中で携帯電話ベースのキャッシュレス送金や決済が広がっているからだ。

その一方で、ATMの配置は遅れている。ATMから現金を引き出したり、ATMからの送金というやり方をバイパスして、相対方式の電子取引が一般化している。

これは、発展途上経済によくみられるパターンだ。全ての技術が、いきなり最先端のレベルで普及していく。それまでのプロセスで形成された技術の段階は省略されてしまうのである。こうした実態に対応するために、通貨体制のデジタル化が進むことは当然の成り行きだ。

ただ、現金経済が完全に消えることで、本当にいいのか。マイナス金利政策が国々で採用されると、人々は現金の保蔵という形で自己防衛に出た。

完璧なキャッシュレス経済の下では、この逃げ道がなくなる。デジタル通貨については、本当に自分の所有権が確立しているかどうかがどうしても曖昧になる。

そこを確たるものにするのが、ブロックチェーン方式だというわけだが、それだけで安心してしまっていいのか。

完全デジタル化体制の下では、確かに中央銀行の仕事は楽になるかもしれない。

だが、中央銀行の仕事があまり楽過ぎる経済社会も少し気がかりだ。そのような経済社会は、人々から経済活動を主導する力が奪われた世界だ。それは全体主義だ。金融と通貨の全体主義ほど怖いものはない。

そうならないためには、人々に現金を隠し持つオプションがあってもいいじゃないか。そんな不謹慎なことも思ってしまう。

ところで、セイウチと大工さんに関する長い長い詩は、もちろん、冒頭の「その時が来た」部分で終わっているわけではない。続きがある。実はなかなか怖い話だ。

セイウチ・大工コンビは、牡蠣《かき》の子供たちを連れ歩いている。牡蠣さん、牡蠣さん、おじさんたちとお散歩に出ましょうよ。そんな調子で彼らを誘い出したのである。

一番年上の牡蠣さんは、賢くもこの誘いをお断りした。知らない人についていってはいけない。それがわかっていたのである。だが、幼い子牡蠣さんたちは、喜んでついていってしまう。

この幼子たちにさんざん「語るべき多くのこと」を語った上で、セイウチさんはどうしたか。大工さんは何を始めたか。

これもご存じのとおりだ。二人組は、ふっくら肥えた幼子たちをたっぷりバターを塗ったパンにのっけて、完食してしまう。

我々は、この幼子たちと同じ道をたどってはいけない。今の時代、我々をだまして危険な旅に誘い出そうとするやからはそこらじゅうにいる。

金融と通貨の領域において、ことのほか然りだ。言葉巧みに、技術力華麗に、新しい世界が開けていると呼びかけてくる。仮装通貨をめぐるこの間の展開も実に然りだ。

次々と様々なプレイヤーたちが、通貨と金融の海岸上に様々な商品を並べ立ててみせる。それらのきらびやかさに引き寄せられて、フラフラとデジタル空間に踏み込んでしまうと、そこには、バターをたっぷり塗りたくったトースト片手に、怖い人たちが待ち構えているかもしれない。

第五章　幻の通貨　バンコールが夢見たもの

▼暗号通貨とBIS（国際決済銀行）

第四章では、今どき流行《はや》りの仮想通貨を取り上げた。再び確認させていただきたい。仮想通貨を筆者流に言えば、「仮装通貨」だ。通貨の振りをしている代物。通貨であることを装っているに過ぎない。偽装通貨だと言ってもいいかもしれない。そんな思いで筆者はビットコインとその仲間たちをみている。

いまや、新聞を開けば、そこに仮想通貨関連のニュースが載っていない日はない。前章でもみたとおり、国々の中央銀行さえ、次々と仮想通貨的手法による自国通貨の電子化に関心を寄せている。

そんなご時勢の中で、仮装通貨などという言葉を使って斜に構えたがるのは、いかにも、時代錯誤的天邪鬼《あまのじゃく》のように思われてしまいそうだ。だが、思えてしまうものは仕方がない。この思いがおのずと消える日が来るまで、筆者は胡散臭そうな目で仮装通貨を見守り続ける。

ちなみに、日本語では仮想通貨という表現がすっかり定着しつつあるが、英語では少々違う。仮想通貨を英語に訳せば、バーチャル・カレンシー（virtual currency）だ。だが、実際にはこの言い方をあまり使わない。

より一般的に使われているのが、クリプト・カレンシー（cryptocurrency）という言葉だ。「暗号通貨」である。筆者は、こちらの用語のほうが納得できる。仮装通貨の怪しげな雰囲気がよく表現されている。そもそもデジタルな暗号によって構築されているシステムだから、性格づけとしても、適切だ。

ところで、ＢＩＳ（Bank for International Settlements：国際決済銀行）の四半期報告に「中央銀行の暗号通貨」という論文が掲載されたことがある（Morten Linnemann Bech and Rodney Garratt "Central bank cryptocurrencies" BIS Quarterly Review, September 2017）。

ＢＩＳと言えば、「中央銀行の中央銀行」と言われる存在だ。世界の中央銀行によって構成される組織である。ここでは省略するが、実に面白い歴史を経て今日にいたっている。国々の中央銀行総裁たちが、それぞれの政府や財務省の目を気にせず一堂に会して、伸び伸びと意見交換できる。そんな数少ない場がＢＩＳの会合だ。学究肌の白川方明《まさあき》・前日銀総裁が、ＢＩＳの場での仲間内の談議が大好きだったそうである。

皆さんは、『水滸伝《すいこでん》』をご存じだろう。中国は宋の時代を舞台にした大伝奇小説である。反骨の同志たちが「梁山泊《りょうざんぱく》」に立てこもり、荒《すさ》んだ時代の世直しに立ち上がる。少々不謹慎だが、ＢＩＳは中央銀行家たちにとっての知的梁山泊だと言ってもいいかもしれない。そんなＢＩＳの分析の中でも、仮想通貨ではなくて暗号通貨という表現を使っている。これはなかなか得心がいく。

▼幻の仮想通貨バンコール

こんな調子で書き進んでいくと、本章は次第に前章の続編と化してしまいそうだ。だが、この章のテーマは、仮装通貨ではない。主役は「バンコール」だ。

バンコールとは何ものか。バンコールを皆さんとお引き合わせする前に、まずはバンコール物語であるはずの本章が、なぜ、再び仮装通貨話から始まっているのかをご説明申し上げておかなければならない。

第四章の後段でＩＣＯを取り上げた。ＩＣＯは“Initial Coin Offering”の頭文字だ。「新規仮想通貨公開」である。「新規株式公開」（ＩＰＯ）をもじったネーミングである。仮装通貨を「発行」することで、事業のための資金調達を行う。

ざっくり言えば、これがＩＣＯの仕組みだ。資金提供側は、円やドルなどの既存通貨で調達側が発行する仮装通貨を購入する。

この場合の仮装通貨については、「トークン（token）」という言葉が使われるようになっている。トークンは「印」「証拠」などを意味する。だが、「代用品」とか、「見せかけだけの」の意もある。こんなところにも暗号通貨の世界の仮装性が顔を出している。言葉は本当に正直で面白い。

それはともかく、第四章でも言及したとおり、ＩＣＯ方式による資金調達は、実に意味不明・荒唐無稽な企画のために使われるようになっている。

その様子が、さながら一八世紀のロンドン金融街のごとしだということも、第四章で、話題にした。株式市場の黎明期だったあの時代、人々は全く得体の知れない（アド）ベンチャーのための株式発行に熱狂した。わけがわからないまま、「すごいことやります」式の企画のために発行される株式に我勝ちにかぶりつき、呑《の》み込んでいった。

今のＩＣＯバブルが全くこの調子なのである。

少々余談だが、筆者にはこのＩＣＯという言葉、どうしても「イコ」と読める。交通系（ＪＲ西日本）ＩＣカードの「ＩＣＯＣＡ《イコカ》」からの連想だ。あれは仮装通貨ではないが電子マネーだ。ＩＣＯと親類筋に当たると言ってもいい。「イコ」に乗ってどこ行くの？　一体どこに「イコー」と言うの？　そう聞きたくなってしまう。仮装通貨を話題にしていると、どうもダジャレの世界に陥りがちだ。この辺りにも、仮装性の怪しさが関わっているのかもしれない。

さて、ここでようやく仮装通貨とバンコールの関係にたどり着ける。ICOでどっかにイコーという数ある怪しげなお誘いの一つとして、なんと、「バンコール・プロトコル」という企画が売り出されたのである。

このニュースに筆者の目が吸い寄せられた。なにしろ、バンコールは通貨金融史上の著名物だ。かのジョン・メイナード・ケインズ先生が、この構想の中心人物である。戦後通貨秩序の番人、IMF（国際通貨基金）の誕生にいたるプロセスを語るに当たっては、バンコールに目を向けないわけにはいかない。

後述するとおり、ここに来てバンコール復活論が結構さかんになったりもしている。考えようによっては、バンコールこそ究極の仮想（仮装ではない）通貨だと言えるかもしれない。

幻の仮想通貨バンコールに、二一世紀の仮装通貨集団が着目した。このことに、少々興奮した。そこでさっそく、ある勉強会の仲間にこのことを報告した。すると、仲間の一人が「バンコール・プロトコル」を打ち出した人々のウェブサイトを見てくれた。筆者もそれに倣《なら》った。

結論的に言えば、彼らはケインズ先生のバンコールをあまりよく知っているわけではなさそうだった。その意味で、今日の仮装通貨の世界とあのバンコールという幻の仮想通貨との間に、さして深い関係があるわけではないようだ。

だが、この発見を機に、筆者のバンコールへの関心が改めて深まった。時あたかも、バンコール復活論も出てきている。というわけで、一つ、バンコールをしっかり勉強し直してみよう。そのように思い立った次第だ。

まず、バンコールという言葉そのものの意味を確認しておこう。バンコールは〝bancor〟。英語の〝bank〟(銀行)とフランス語の〝or〟(金《きん》)を合成してつくった造語だという。ビットコインがデジタル用語のビット(bit)と硬貨を意味するコイン(coin)の合成語であるのと、少し似ている。銀行が生み出す金。それがバンコールだというわけだ。

通貨と言えば、その価値は金との交換性を拠《よ》りどころにしてこそ、成り立つ。この「金本位制」の時代において「銀行製の金」という概念を打ち出したところが、いかにも大胆不敵で向こう見ずだったケインズ先生らしい。

思えば、この大胆不敵さや向こう見ずさにも、今日の仮装通貨の考案者たちに通じるものがあるかもしれない。どこか愉快犯めいたあのナカモト・サトシ氏は、ひょっとすると現代のケインズか？　仮装通貨を怪しい者扱いする筆者がこんなことを言うのも変だ。だが、変な思いつきも、真理探究の上では重要だ。さしあたり、決して棄却し尽くすことなく、頭の片隅にしまっておいた上で、先に進もう。

▼通貨・通商戦争が招いた第二次世界大戦

ケインズ先生がこの「銀行製の金」構想を打ち出したのは、一九四〇年代初頭のことである。一九四一年九月には、第一素案が英国大蔵（財務）省内で回覧されている。一九四二年二月には第四次素案が閣僚たちに配付された。一九四三年四月には、ケインズ案を土台とした英国政府の提案が「白書」の形で公表されるにいたった。

すぐお気づきのとおり、この時期は、まだ第二次世界大戦が終結にいたってはいなかった。それどころか、一九四一年と言えば、その一二月に日本が真珠湾攻撃を仕掛け、太平洋戦争に打って出た年である。広島・長崎への原爆投下は、言わずと知れた一九四五年のことである。

こうした時代状況の中で、終戦後を展望した新たな国際通貨秩序の構想が練られていたのである。それと同時に、新たな通商秩序の仕組みづくりも始まっていた。ずいぶんと手回しのよいことだ。だが、思えば、それもそのはずである。

第二次世界大戦は、通貨・通商戦争として幕を開けた。そう言っても、決して過言ではない。形振《なりふ》りかまわぬ為替切り下げ競争。それをテコとした暴力的輸出攻勢と保護貿易主義。これらの応酬と列強諸国の領土分捕り合戦が絡み合い、相乗効果を生み出す中で、武力衝突が生まれ、泥沼化していく。それがあの戦争の地獄絵の基本構図であった。

だからこそ、ようやく平和が訪れた暁に、通貨・通商上の激突が二度と再発しないよう、あらかじめ体制をしっかり整えておく必要があった。平時への移行過程で、国家間の経済取引がスムーズに復活し、通貨関係が早々に確たる安定性を取り戻す。そのように事が運ぶよう、しっかり準備しておかなければならなかった。

さもなくば、せっかくの平和が、脆《もろ》くもたちどころに崩れ去る恐れがあった。資金枯渇や市場へのアクセス断絶のせいで、戦時疲弊著しい国々の復興過程が頓挫すれば、そのこと自体が、新たな戦争の火種となってしまう。なんとしても、平和のための通貨・通商秩序を取り急ぎ用意しなければならなかったのである。

こうした切迫した要請に応えて、通貨・通商両面で様々な構想が各国から提示された。

そして、通貨面での提案の一つであり、諸案の中で最も注目を集めたのが、ケインズ先生のバンコール構想だったのである。

▼通貨同盟なのか、清算同盟なのか

もっとも、厳密に言えば、バンコール構想はバンコール構想ではない。一九四二年二月の閣僚配付用素案のタイトルは「国際通貨（または清算）同盟に関する提案」（"Proposals for an International Currency (or Clearing) Union"）となっている。

つまり、バンコールという言葉が提案の前面に出ているわけではない。主眼は、国々の間における清算の新たな仕組みをどうするかというテーマに置かれているのである。バンコールは、この仕組みを実働させるための手段として提示されている。ケインズ提案は、あくまでも、国際経済秩序の要《かなめ》となるべき決済機構のあり方に焦点を置いている。

その意味では、本書でも、この観点からケインズ構想に切り込んでいくのが筋だ。ただ、この本のテーマは「通貨の正体」である。本書のほうは、あくまでも通貨が主役だ。そこで、まずは、バンコールの正体を解明するところから入っていきたい。然る後に、バンコールを使ったケインズ的越境清算方式に踏み込んでいく。この手順で話を進めさせ

ていただければと思う。

だが、この進行に入る前に少しだけ寄り道をしておきたい。先述の閣僚配付用ケインズ素案のタイトルにしばしご注目いただきたい。括弧内の「または清算」が面白い。いかにも未定稿らしい。実際に、「通貨同盟」でいくか、「清算同盟」でいくか、ケインズ先生としてはかなり悩んだらしい。本文を読み進んでいくと、この両者がごちゃまぜになって出てくる。ある時は通貨同盟。ある時は清算同盟。使い分けの趣旨がわかる場面もあれば、微妙な場面もある。

筆者がこういう用語不統一を演じると、たちどころに、本書で頂戴している極めて精密にして極めて厳しい校閲の鉄槌《てっつい》が下る。ケインズ先生の時代はどうだったのだろう。今日において、国々の校閲事情はどうなっているのだろう。どうも、日本ほど厳密な校閲が徹底している国はないような感じがする。日英双方での出版体験を踏まえて経験的にそう思うのだが、本当のところはどうだろう。

それはさておき、ケインズ先生が「通貨か清算か」で迷ったことは、実は重要だ。最終的に英国政府案として「白書」化された段階のタイトルは、「国際清算同盟に関する提案」になっている。

ここで、明らかに「清算」への用語統一が徹底した。政府案には、「通貨同盟」という表現は一度しか出てこない。「通貨同盟の創設を提案する。その名を『国際清算同盟』とする」というくだりのみである。

以降は「清算同盟」という言い方に徹している。これは、明らかに一つの意思表示だ。「清算の仕組み」を提案するのだという宣言である。

これに対して、閣僚配付用ケインズ先生素案には、通貨同盟も清算同盟も頻々と登場する。タイトルで「清算」のほうを括弧入りの「または」オプションにしているということは、ひょっとすると「通貨」のほうを前面に出したかったのかもしれない。

実を言えば、かなり「バンコール愛」が強かった可能性が強い。

政府案が「国際清算同盟」に意思統一した後も、もしかすると、ケインズ先生はこれを「隠れ通貨同盟」視していたのではなかろうか。そうとも思える。なぜそう思えるかについては後述する。

▼バンコールの狙いは貿易戦争再発防止

というわけで、いよいよ、バンコールそのものの解明に入ろう。ここから先は、基本的に閣僚配付用のケインズ素案に依拠している。必要に応じて、最終的な英国政府案にも触れていく。

「銀行製の金」と言うだけあって、バンコールの価値は、結局のところ、金とのあらかじめ定められた交換比率で設定することになっていた。つまり、バンコールには「金平価」があった。

この「金平価」をどう設定するかについて、ケインズ素案では、「清算同盟」あるいは「通貨同盟」の創始二カ国がこれを決めるということになっていた。

創始二カ国とは、すなわち英米二カ国である。つまり、ケインズの構想では、これら二カ国が来《きた》るべき国際通貨秩序の盟主に位置づくことがイメージされていたのである。

これに対して、英国政府案には、この「創始二カ国」という表現がない。バンコールの金価値については、あらかじめこれを定めるが、変更可能ではあるということが示されているだけである。誰がどうやって決めるかについては、沈黙している。この辺りには、かなり外交的配慮が働いていたとみられる。

いずれにせよ、バンコールの価値は金で表現されるという構想だ。したがって、バンコールは銀行が生み出す通貨だと言っても、今日の不換通貨とは性格が違う。ここはしっかり認識しておく必要がある。

だが、だからと言ってバンコールが兌換通貨として構想されたのだと思ってしまってもいけない。なぜなら、国々は金をバンコールに交換することができるが、バンコールを金に交換することは許されないことになっていたからだ。

兌換通貨の交換性には双方向性がある。人々が銀行に金を持っていってこれを紙幣に換えてくれ、と言えば、銀行側は公定価格にしたがって応分の紙幣を人々に手渡す。逆に、人々が紙幣の金への交換を要求すれば、銀行は、やはり公定価格にしたがってその要請に応じる。これが戦前における金本位制下の兌換通貨の性格だった。

ところが、バンコールについては、交換は金からバンコールへの一方向しか認められないことになっていた。バンコールの金価値が定まったら、次に「同盟」加盟各国の通貨の価値をバンコール建てで定めるとされた。その意味で、全ての加盟国通貨の価値は、結局のところ、金につながっている。だから、従来の金本位制となんら変わるところはない。ケインズ素案の中では、この点が大いに強調されている。

しかし、前述のとおり、本質的には、これは違う。バンコールは金に換えられないのだから、「金本位制と同じですよ」と言うのは、一種のまやかしだ。

だが、いかに大胆不敵なケインズ先生といえども、ここは少々まやかしを弄してでも、自分の構想に関する人々の信頼をとりつける必要性を感じていたのだろう。

こうしてバンコールを介した国々の通貨関係が定まれば、いよいよ、「国際清算同盟」体制を具体的に構築することができる。その仕組みは次のとおりだ。

まず、「同盟」加盟各国に一定量のバンコールを「配布」する。配布量は国々の輸出入規模に対応して決める。つまり、ここで何もないところからバンコールという名の流動性が国々に与えられることになったわけだ。金欠病が国々の復興を阻むことを回避するための対応だ。

その上で、国々は自国の輸出入決済尻を国際清算同盟に創設される勘定にバンコール建てで登録する。かくして、国々の貿易収支の赤字・黒字は同盟勘定に対するものに一本化される。

ここが清算同盟構想の勘所である。同盟勘定との関係に貿易収支尻が一本化されることで、国々はお互い同士の二国間貿易収支を気にする必要がなくなる。言い方を換えれば、この方式への切り替えによって、国々は特定の相手国との間の貿易収支尻にこだわってはいけないことになったのである。

これをあのトランプ大統領が聞けば、真っ赤になって怒るところだろう。だが、ここを担保しておくことは、貿易戦争の再発を防止する上で、実に重要だった。

二度と再び、国々が特定の通商相手国に対して関税障壁を立てたり、為替切り下げによる安売りの殴り込みをかけたりすることがないようにする。そのためには、同盟勘定本位の「多角的清算」方式への移行が、決定的に重要な意味をもってくる。これがケインズ先生の発想であった。

▼キリギリスとアリの両成敗でデフレを避ける

この「同盟勘定方式による多角的バンコール清算」というやり方には、もう一つの重要な側面があった。それは、いわば「黒字国・赤字国双務主義」というべきものだ。

「黒字・赤字」という言い方をすると、どうしても、赤字を出すほうが悪いというイメージになる。企業の中の赤字部門は、常に黒字部門にコンプレックスを抱き、負い目を感じなければならない。必死で赤字解消に励まなければならない。

しかし、この発想を国際間の取引収支尻に適用してはいけない。この点をケインズは強く意識していた。赤字を垂れ流すのは、確かにだらしない。だが、それもやむを得ない場合がある。戦後復興に必死で挑んでいれば、どうしても物資を大量に輸入しなければならない。一方で、輸出をどんどん伸ばせるような生産力はない。どうしても、貿易収支は入超になる。

他方、黒字国が偉いかといえば、そうとは言えない。国際決済において、誰かの黒字は誰かの赤字だ。多角的な貿易不均衡が発生するのは、赤字国の責任であると同時に黒字国の責任でもある。国際決済において、赤字と黒字は、要するに同じことの表と裏だ。だから、黒字国にも、不均衡を調整する義務がある。

黒字を出すことが立派だというイメージを払拭しなければ、どうなるか。国々はカネを使いたがらなくなる。ケチケチして、財布の紐《ひも》を締め上げて、節約に励んでしまう。誰もがこのスタンスに徹すれば、誰も誰からもモノを買わない。すると、国々の経済活動がどんどん停滞し、縮小していく、要はデフレの連鎖が起きてしまう。

そうなれば、歴史が逆流する。一九三〇年代の世界不況が第二次世界大戦への経済的土壌をつくった。その恐怖の過ちを繰り返すことはなんとしても避けなければならない。

だから、国際清算同盟の加盟諸国は、赤字国も黒字国も、等しく、貿易収支を均衡化する責任を負う。この点が、ケインズ素案においては極めて強く、そして英国政府案においても、かなり明確に主張されている。

この双務的責任を国々がしっかり履行することを保障するために、罰則規定も設けられた。あらかじめ定められた貿易不均衡幅を突破してしまった場合には、それが赤字不均衡であっても黒字不均衡であっても、罰金が科せられるものとした。野放図組も、ケチケチ組も、度が過ぎれば金銭的お仕置きを受けることにしたのである。

キリギリスになり過ぎるのはまずい。だが、アリさんに徹し過ぎるのもダメだというわけである。

▼バンコールは「みなし金本位通貨」

以上を整理しよう。ケインズ構想は、実に斬新で画期的な国際取引の清算方式を提示した。

その斬新さには、三つの側面がある。第一に、全ての取引国が一つの決済通貨を共有する。しかも、この通貨は金で価値を表示されてはいるが、金との双方向的交換性をもたない。

第二に、国々は個別的な二国間取引の収支尻調整にこだわらない。あくまでも、清算同盟との総合的・多角的収支尻を調整対象とみなす。

そして第三に、この収支尻調整責任は、決して一方的に赤字国に課せられるものではない。

まさしく大胆不敵なこの提案は、今日のＩＭＦ体制の形成に多大なる影響を与えた。その意味で、ケインズ先生は戦後通貨秩序の生みの親としての位置づけを誇っていい。

だが、残念ながら、誇れるのはそこまでだ。なぜなら、ＩＭＦ体制の具体的な枠組みは、ケインズ案ではなく、アメリカの財務省官僚、ハリー・デクスター・ホワイトの構想にしたがって構築されたからである。

ケインズ案とホワイト案の相違点を詳細に分析し切るには、明らかに紙幅が足りない。通貨の正体を謎解きするという本書の趣旨からも、決定的にではないが、いささか遠ざかってしまう。そこで、ここでも両者の通貨的な違いに絞って考えておこう。

この観点からの両者の最大の違いは、端的に言えばバンコール対ドルの違いだ。

バンコールは、いわば概念通貨である。確かに金でその価値が定められることになってはいた。

だが、その通貨性は、いつでも金に交換できるということによって担保されるわけではなかった。バンコールには、金で表示した一定の価値がある。そのことに、清算同盟の加盟諸国が合意する。そこにバンコールの価値の基本があった。

要は「みなし金本位通貨」だ。何もないところから、そういう通貨をつかみ出してみせる、一種のマジックだ。このマジックをみんなで共有しよう。それがバンコール構想だった。

▼英米間の綱引きが生んだ国際通貨体制

実を言えば、ケインズ先生がこの構想を打ち出したのは、戦後の通貨秩序がドル体制になってしまうことを避けたいがためだった。国際基軸通貨の地位がポンドからドルに移ってしまうのは許せない。ポンドが通貨の王様でなくなるのは耐えがたい。その思いもあったろう。

だが、もっと差し迫った理由もあった。それは当時のイギリスの経済実態だ。確かに戦勝国にはなった。だが、国内経済はすっかり疲弊してしまっていた。深刻な金欠状態に陥っていた。まさしく、何もない真空の中から「みなし通貨」をつかみ出す絶対的な必要性に迫られていたのである。

ここでも、アメリカの援助に頼るわけにはいかないという思いが強く働いた。ケインズ素案の中にも、国々にバンコールを割り当てる代わりに、アメリカが世界にドルを分配するというやり方もあると書いてある。

その書きぶりは、いかにも懸念とイヤイヤ感に満ちている。アメリカの圧倒的な資金力には敬意を表しておかないとまずい。だが、それに頼り切る感じが出るのは業腹だ。いつ、アメリカがドルの出し惜しみをやりだすかもわからない。だから、戦後世界の国際決済システムを、アメリカの事情や気まぐれが供給量を規定するドルという代物と決別させなければならない。その思いが滲《にじ》み出ている。

この点との関わりで、ケインズ素案の中で使われている「清算同盟の創始二カ国」という言い方がなんとも胸をつく。なんとかして、戦後世界において英米対等を確立したい。かなしいかな、英国優位は、もはや望むべくもないから。

一九世紀から二〇世紀初頭の英国人は「アメリカの従弟《いとこ》たち」という言い方をよく使っていた。そこには、若き後発組が放つ眩《まぶ》しさに対する憧憬も込められていれば、新参者に追い越されていく老大国の寂しさ、くやしさも満ちている。その辺りが、ケインズの「創始二カ国」論からなんとも哀愁を込めて滲み出てくる。

去りゆくパックス・ブリタニカが、本格到来の予兆満載のパックス・アメリカーナに怯《ひる》みながら、その本格到来をいやがりながら、でもそれにしがみついている。しがみつかざるを得ない。敗北を予見しながら、それでも「創始二カ国」の看板を掲げようとする。なんともいじらしい。傲岸不遜《ごうがんふそん》をもってなるケインズ先生も、ここでは、斜陽の王国の悲哀を目一杯体現している。

パックス・ブリタニカの存続を賭けた必死の提案。それがバンコールだったと言えるだろう。だからこそ、ケインズ先生はできれば「清算同盟」もさりながら「通貨同盟」の側面を前面に出したかったのではないかと思う。

ユーロという通貨ができる時、国々は、それを軸とする通貨同盟の中に新生統一ドイツのマルクという通貨を封じ込めてしまいたいと考えた。東西統一なった新生ドイツが、欧州の地にパックス・ゲルマニカを構築することを恐れた。だから、統一ドイツ・マルクをユーロの中に埋没させたいと考えた。

この感覚、パックス・アメリカーナの到来を前に身構えていたケインズ先生なら、さぞかし、よくわかることだろう。

対するパックス・アメリカーナ側にも、相当に緊張感があったに違いない。老練なるパックス・ブリタニカの猛者《もさ》たちにしてやられてはたまらない。それを避けるためには、なんとしてもドル中心の通貨秩序を確立したい。そう考えたのも、これまたよくわかる。

バンコールなどという得体の知れないみなし金本位通貨の中にドルが吸収されて、存在感を失ってしまってはまずい。パックス・アメリカーナをその黎明期に窒息死させるわけにはいかない。その思いは危機感に近いものだったかもしれない。

さらには、ケインズ案で大きな位置を占めていた黒字国責任論があまり幅を利かせるようになるのも、実にまずい。

この体制が確立してしまえば、アメリカは赤字であえぐ他の国々、特にイギリスのために湯水のごとくカネを出し続けることになりかねない。ドルが欲しければ、身を慎むように。そのように言える立場をしっかり確保しておく必要がある。

そのためには、「銀行製の金」を真空の中からつかみ取るマジック方式ではダメだ。同盟各国がドルを拠出して基金をつくる。そのドル基金から、必要に応じて救済資金を貸し出す。こういうしっかりつかみどころのあるやり方にしなければいけない。ホワイト案は、この認識に基づいて構築されていた。

ところが、皮肉なことに、今、状況は様変わりしている。あの時、大黒字国だったアメリカは、いまや巨大な赤字国だ。そして、黒字累積国のドイツや日本を非難している。この有様を、ケインズ・ホワイト両氏は草葉の陰でどんな思いで眺めていることだろう。

ケインズ案対ホワイト案の攻防。それは、まさしくパックス・ブリタニカ対パックス・アメリカーナの攻防そのものだった。ポンド対ドルの歴史的綱引きだったと言ってもいい。

ただ、ポンド側では、バンコールという代役を立てざるを得なかった。ポンドそのものには、もはや、ドルと真っ向勝負する体力は残されていなかった。

そこで、魔術師ケインズが、無の空間からバンコールをつかみ出してみせた。さぞや、手に汗握る闘いだったろう。

▼頂上決戦の歴史ドラマ

この頂上決戦がいかに厳しいものであったかは、その後の展開が如実に物語っている。

一九四四年七月、ケインズ案対ホワイト案の激突が繰り広げられた。三週間にわたるこのやり取りの途中で、ケインズ先生は軽い心臓発作を起こした。そして、軍配はホワイト案に上がった。

敗北とともに帰国したケインズ先生は、一九四六年に今度は大きな心臓発作を起こして、亡き人となった。ホワイト案の完勝をもって、この攻防劇に幕が下りたのである。

だが、パックス・アメリカーナに勝利をもたらしたホワイトさんも、悲劇と無縁ではなかった。ＩＭＦが業務を開始した一九四七年、ホワイトさんは、なんと、ソ連のスパイではないかという容疑をかけられてしまった。当時においてこの嫌疑がどれほど重圧をもたらすものだったかは、想像に難くない。いや、想像を絶すると言ったほうがいいかもしれない。それがあってか、一九四八年には、ホワイトさんも心臓発作で命を落としてしまったのである。

パックス・ブリタニカ対パックス・アメリカーナの世紀の対決の場において、正面切って対峙《たいじ》した二人。勝負あった後、時をおかずして、その二人がいずれも心臓を痛めて死にいたる。少し出来過ぎかと思うほどの歴史ドラマだ。

▼ＩＭＦによるバンコール？

そして今、なんと、ＩＭＦがこのバンコールの復活を検討しているかもしれないのである。

二〇一〇年四月、ＩＭＦのスタッフが「準備集積と国際的通貨安定（Reserve Accumulation and International Monetary Stability）」と題する論文を取りまとめた。その中で、グローバル通貨の導入可能性を検討している。グローバル経済の通貨安定のためには、国々が一つのグローバル通貨を共有することが正解ではないか。この考えを提示しているのである。

そして、このグローバル通貨をバンコールと名づけてはどうかと言っている。ケインズ先生に敬意を表して、バンコールの名を復活させようというわけだ。なかなか殊勝なことだ。

しかし、グローバル通貨というものが、果たしてグローバル時代の通貨的正解となるかどうかは、別問題だ。どうも、違いそうな気がする。この点については、本書の最終局面できっと立ち返ることになるだろう。だが、それはまだ先の話だ。

魔術師ケインズ先生は、真空から魔法の通貨バンコールをつかみ出した。それは、パックス・ブリタニカ最後のマジックだったと言えるだろう。死に物狂いのマジックだった。いまや、パックス誰でもない時代となった。黒字国も赤字国も、老いも若きも、立ち去ろうとする者も、これから来るべき者も、ともに等しく責任をもちながらこの時代を支えていかなければならない。

その我々にとって、パックス・ブリタニカ最後の猛者の教訓は貴重だ。

第六章　人民元は誰のための通貨？

▼得体の知れない人民元

この章のテーマは、人民元である。言わずと知れた中国の通貨だ。いずれは必ず取り上げなければならないと思いつつ、今になった。暗号通貨の場合と同様で、ホットな話題なのだが、どうも取り扱いが厄介で躊躇《ちゅうちょ》される。それが筆者にとっての人民元なのである。なぜかと言えば、やっぱり暗号通貨と同じように、この通貨はどうも得体が知れない。

グローバル経済の巨人、中国経済を動かす通貨に対して、得体が知れないなどという言い草もないものだ。我ながらそう思う。だが、これが正直なところだ。

どうして得体が知れないのか。それは、人民元そのものが、実はみずからの得体を見極め切れていないからなのだと思う。「人民元そのもの」という人格化表現に、皆さんは違和感を覚えられるかもしれない。もしそうであれば、人民元の得体について、中国の政策責任者たちが見極めかねていると言い換えてもいい。

取り扱っている管理者たちが、その対象物の得体すなわち正体を掌握し切れていない。その意味で、人民元と暗号通貨には共通点がある。だから、いずれも、筆者にとって厄介に感じられる。このように整理できそうだ。

という具合に自分を納得させたところで、いよいよ、人民元と向き合っていきたい。ざっくり、六つの観点からこの得体不明通貨に切り込んでみよう。次のとおりだ。

①人民元はなぜ人民元なのか。
②人民元は何相場制の通貨なのか。
③人民元の足はどれくらい長いのか。
④人民元の悩みは何レンマなのか。
⑤人民元は国際基軸通貨になれるのか。
⑥人民元が人民元でなくなる日は来るのか。

▼人民元はなぜ人民元なのか

順次、考えていく。人民元はなぜ人民元なのか。こう書けば、どうしても即座に思い浮かぶのが、ある人の次の言葉だ。

「おお、ロミオ、ロミオ！　どうしてあなたはロミオ？」（前掲書）

ひょっとして、ご記憶いただいているだろうか。第一章で、この同じある人の別の言葉を引用した。その人の名はジュリエット。ご存じ、シェイクスピア作の大悲恋劇『ロミオとジュリエット』のヒロインだ。

第一章で引用した彼女の発言は、「名前ってなに？ バラと呼んでいる花を別の名前にしてみても美しい香りはそのまま」だった。ここから、我らの通貨不思議旅が始まった。

そして今、この本が終盤に入り、筆者的には不思議通貨としての格付け高き人民元を取り上げようとしている。まさにその時、またもや、この人の言葉が頭に浮かぶというのが面白い。ジュリエットちゃんは、ロミオ君よりむしろ「カネ」オ君とのほうが、相性がいいのかもしれない。

「おお、人民元、人民元！ どうしてあなたは人民元？」

米ドルとか、日本円という言い方がある。ユーロという一部EU諸国の単一通貨が出現する前には、ドイツ・マルクやフランス・フランや、イタリア・リラがあった。だが、中国元とは言わない。人民元である。なぜだろう。何はともあれ、ここをきちんと踏まえておかないと、話を先に進めにくい。

そもそも、人民元は人民元ではない。人民元を英語表記というかアルファベット表記で書けば、"renminbi" である。"renmin" が「人民」だ。"bi" を漢字で書けば「幣」、つまり通貨を意味する。

だから、日本で言う人民元は、正確に言えば、「人民通貨」なのである。元（yuan）は、この「人民通貨」を数える時の基準単位だ。

ある物品の価格が中国ではいくらかということを示す時に、例えば、「この茶碗《ちゃわん》の値段は一〇元です」という言い方をする。「一〇人民通貨です」とは言わない。

ところが、日本の表記では、「人民通貨」の「通貨」の部分を「元」に置き換えてしまっている。だから、どうも、話が厳密さに欠けてくる。為替相場に関する報道などでも、「人民元の対ドル・レートは一ドル＝六・三元」というような言い方をする。だが、これも、正確に言えば「中国の人民通貨の対ドル・レートは一ドル＝六・三元」という風になるはずだ。

さてここで、かのジュリエットちゃんが登場したら、なんと言うだろう。「人民通貨でも人民元でも、そんなのどっちだっていいじゃない。名前ってなによ」という風に片づけてしまうだろうか。どうも、そうではないように思う。

というのも、「どうしてあなたはロミオ？」から「名前ってなに？」に到達する過程で、彼女は別のことを言っている。次のとおりだ。

お父様と縁を切り、ロミオという名をおすてになって。それがだめなら、私を愛すると誓言して、そうすれば私もキャピュレットの名をすてます。(ロミオの傍白略)私の敵といっても、それはあなたのお名前だけ、モンタギューの名をすてても、あなたはあなた。

ご覧のとおり、名前なんてどうでもいいじゃん、と言っているようでありながら、実は、結構、名前にこだわっている。「あなたが、ロミオ・モンタギューでさえなかったらよかったのに」。とても強く、そう主張しているのである。そんなジュリエットちゃんなのだから、人民元に対しても、それなりのこだわりをもってネーミングの仕方に疑問を提示しそうだ。

「どうして、『人民通貨』とか『人民元』なんて言うの? 普通に『中国元』じゃなぜダメなの?」。そんな風に迫りそうにも思える。ジュリエットちゃんのこの仮想質問にどう答えるか。

答えは、実はシンプルだ。今の中国の通貨は、どうしても「人民通貨」あるいは「人民元」でなければならない。それは、今の中国が中華人民共和国だからである。「元」という通貨単位そのものの歴史は古い。その起源は一七世紀にさかのぼる。だが、人民元という通貨そのものは、一九四八年生まれだ。この時、中国共産党が中国人民銀行を設立し、人民元を発行した。その翌年の一九四九年には中華人民共和国が建国され、その一方で蔣介石《しょうかいせき》率いる中華民国政府は台湾の台北に遷都した。

人民が使う人民のための通貨。人民銀行が人民のために発行する通貨。人民元には、この発想が込められている。人民元はまさしく、人民の通貨、「人民幣」なのである。中華民国政府が発行していた「法幣」を、人民のための通貨「人民幣」が完全駆逐するその日を目指す意気込みが、この名前の中に装填された。だから、中国が中国共産党率いる中華人民共和国である限り、人民元はどうしても人民元でなければならない。

その意味で、この「人民元」、正確には「人民幣」というネーミングは、通貨の呼び名であると同時に、一つの政治体制あるいは政治信条の表明だと言える。

ロミオ君の生家、モンタギュー家は、宿敵キャピュレット家と肩を並べる名門旧家だ。ロミオ君はモンタギュー家の一人息子だ。モンタギュー家の跡継ぎとしてこそ、彼の社会的位置づけが確立している。そして、この社会的位置づけを守り抜いていく責務を負っている。だから、いかに最愛の人の切望といえども、そう簡単にモンタギューを捨てて単なるロミオになるわけにはいかない。

人民元もまた同じだ。一つの政治体制を象徴する名前を背負っている以上、気軽に単なる「元」になってしまったり、「中国元」に改名するわけにはいかない。もっとも、今日の人民元が本当に人民のための人民のものであるかどうかは、また別問題だ。後述するとおり、人民元は今も昔も、様々な形で国家的な管理の下に置かれてきた。管理の度合いや性格は時とともに移り変わる。これからも、どう変転するかわからない。

要は、人民元の動向に対しては国家の意向が強い影響力をもっている。人民にはどうにもならない政策判断が、この人民の通貨の行方を決める。

むろん、他の国々の通貨にも、このような面が全くないわけではない。今日では、圧倒的に多くの国々の通貨がいわゆる変動相場制の下に置かれている。為替市場における需給がその動向を決める。

だが、時と場合によっては、市場の相場決定力を国々の政策が抑え込もうとすることがある。為替市場への介入や資本取引規制によって、それを行う。そうした政策行動に対して、国々の一般人民がもつ抵抗の術は限られている。

その意味で、人々の通貨が時として人々の手が届かないところで操作されてしまうということは、決して、中華人民共和国に固有の現象ではない。

けれども、人民の通貨に対する国家の関与の度合いが、中国の場合において他の国々に比して格段に大きいことは間違いない。この点については、本章の後段でまた立ち戻ることになる。

いずれにせよ、人民元がなぜ人民元で、なぜ人民元でなければならないのかという点については、一応、ここまでとしておこう。第二のテーマに進む。人民元は、何相場制の通貨なのかという点だ。

▼摩訶《まか》不思議な管理変動相場制

今しがた申し上げたように、今日の通貨的世界では、変動相場制が主流となっている。ご承知のとおり、かつてはそうではなかった。一九三〇年代半ばまでは、金本位制という厳格な固定為替相場制度が国際標準となっていた。戦後においては、一九七〇年代の初めまで、ドルを軸とする固定為替相場制度が基本仕様であった。だが、アメリカがこの体制を支え切れなくなったことで、世は変動相場制の時代に移ったのである。

その中で、今、人民元に関する為替相場制度はどうなっているか。これが実はなかなか難しい。人民元がなぜ人民元なのかという点については、前述のとおり、かなりシンプルに解答を出せる。

しかし、その人民元の為替相場がどのような仕組みによって動いているのかということは、一言で表現するのがかなり困難である。思えば、まさに人民元が人民元であるからこそ、この辺がややこしくなるのだと言えそうである。

強いて言えば、人民元に関する今日の為替相場制度は、「変動相場制のようなもの」だということになるかと思う。

中国政府の言い方では「市場経済を基礎に、通貨バスケットを参考に調整する管理変動相場制」だということになっている。管理された変動相場制というのは、決して奇異な言い方ではない。為替変動を市場の実勢に委ねることを基本としながら、乱高下を回避するために一定の政策的な管理を行う。

これは、言ってみれば全ての国々が大なり小なりやっていることだ。制度論的にも、確立した用語だと言っていい。

通貨バスケットというのは、いくつかの通貨を加重平均した指標のことをいう。一つのかごの中に複数の通貨を放り込むというわけだ。このバスケット指標に対する自国通貨の変動が、一定の幅の中に収まるようにする。それを目安にしつつ、市場実勢との見合いで自国通貨の動向を管理する。そのように中国政府は言っている。

これはこれでわかる。だが、どうも、中国の人民元政策は、この基本方針だけでは説明し切れない展開を示す。建前は建前として、実際は状況に応じて運用方式をかなり思い切って変えてしまうのである。

話を進める前に、中華人民共和国発足後の為替政策の推移について、超特急でみておこう。

まず、当初の厳格な計画経済体制の下では、事実上の通貨金融鎖国体制が敷かれた。政府管理下でごく限られた貿易取引が行われるだけで、国境を越えた資本移動は原則的に封印されていたのである。外貨は政府による集中管理下に置かれ、人民元の対外価値は、一九五五年から一九七一年まで一ドル＝二・四六一八元に固定されていた。

その後、「改革開放」が進む中で、通貨金融鎖国も紆余曲折を経ながら次第に解除されていくことになる。それに伴って、人民元政策も各種の変転をたどった。

そして、前記の「通貨バスケット参考型管理変動相場制」に到達したのが、二〇〇五年七月のことである。

この方式の下では、人民元相場について、中国人民銀行が、毎朝、対ドル相場に関する「基準値」を公表する。当日の人民元相場の動きは、この基準値をはさんで一定の変動幅内に収まるように「管理」されるのである。問題は、この基準値だ。これがどう決まるのかが、よくわからない。というよりは、その決め方が状況に応じて変更される。

ごく最近までは、「前日の終値」が基本で、それに前記の通貨バスケットに対する人民元の変動具合を加味して決めることになっていた。だが、二〇一七年の五月からは、ここに新たに「逆周期因子」というものが加わった。要は、日々の人民元の変動があまりストレートに基準値を振り回さないように、いわば逆噴射をかけるというやり方だ。これによって、当面は「管理変動相場制」の「管理」の部分がかなり前面に出る格好になっている。このような措置が導入されたのは、ここに来て中国からの資本流出が激しくなったからである。

二〇〇八年のリーマン・ショック後に、中国政府は大不況入り回避ということで、大々的に金融を緩和した。そのことに伴う通貨膨張が極端なカネ余り状況を生み出した。国内で行き場を失った過剰資金は、稼ぎ場所を求めて中国からの脱出を目指す。すると、当然ながら、人民元相場が下落する。人民元が価値を失えば失うほど、資金の脱中国の動きは加速する。完全な悪循環だ。

これをなんとか食い止めようというので、人民元の変動の抑え込みにかかった。それが、今の逆噴射型管理変動相場制度につながった。

このように、人民元に関する管理変動相場制は、実はあまり変動相場制的ではない。あくまでも「のようなもの」にとどまっている。

状況に応じて、仕組みそのものが変えられてしまう。そうした変更が一方的に行われる。人民のあずかり知らないところで、人民の通貨に対する取り扱い方が随時変えられていく。だから、結局は何相場制なのかよくわからない。それが人民元的実態だ。

▼人民元の足の長さ

人民元の足の長さ問題に進もう。この点については、集英社新書から出させていただいた拙著『中国経済　あやうい本質』でも少し触れている。通貨の足の長さとはどういうことか。それは、要するにある通貨がどこまで幅広く通用するかということだ。

江戸の昔の人々は、おカネのことを「御足《おあし》」と言った。江戸時代のブロガーとも言うべき伊勢貞丈《いせさだたけ》という人は、「銭を料足《りようそく》とも要脚とも云《いい》、（中略）銭の世上をめぐりありく事足あるがごとし」と言っている（『貞丈雑記《ていじようざつき》』）。世上をどこまで幅広く「めぐりあり（歩）く」ことができるか。それぞまさしく、ある通貨の通用性の証《あかし》だ。

かつては、イギリスのポンドが世界で一番足の長い通貨だった。戦後においては、米ドルが最長通貨の位置づけをひとまず確保した。だが、その足も、いまや、かなり短くなってきている。

そこで、人民元のおみ足の具合はどうか。これも、なかなか定まらない。

一時期までの中国は、かなり懸命になって人民元を足長通貨に育て上げようとしていた。そのために、かつての金融鎖国からどんどん遠ざかって資本移動を自由化し、貿易取引における人民元決済も広めようとしていた。そのような中国の動きに、グローバル通貨秩序の番人役を担うＩＭＦも注目した。そして、人民元をＳＤＲに組み入れるという方針を発表した。それが二〇一五年一一月のことだった（実際の採用は二〇一六年一〇月）。

ＳＤＲ（Special Drawing Right：特別引き出し権）とは、ＩＭＦが加盟国に配分する資金請求権だ。資金繰りに困った加盟国は、ＳＤＲと引き換えに主要通貨をＩＭＦの仲介によって他国から入手することができる。

ＳＤＲもまたバスケット通貨だ。ＳＤＲバスケットの構成は五年に一度見直しが行われる。二〇一五年の見直しに当たって、ＩＭＦは急速に足を伸ばしつつある人民元に、ＳＤＲ入りの資格ありと認定したのであった。

この時の勢いをもってすれば、人民元は、瞬く間に世界最長足通貨の地位に上り詰めそうにもみえた。

ところが、いまや、雲行きはかなり変わってきている。なぜなら、このところの中国は、再び金融鎖国的な様相を呈し始めているからだ。

二〇一五年までの中国は、人民元の国際化に余念がなかった。貿易の人民元決済解禁、直接投資解禁、証券投資解禁。次々と資本取引を自由化していく。その結果、二〇一五年には、中国の貿易額の三〇パーセント近くが元建て決済になっていた。

グローバル金融全体の中でみても、二〇一五年には元建て決済が三パーセント弱に到達し、決済通貨ランキングの中で、人民元が日本円を抜いて世界第四位に浮上した。こうした展開に注目したからこそ、ＩＭＦは人民元のＳＤＲ組み入れを決断したわけだ。

ところが、その後、二〇一七年になると、中国の貿易決済に占める元建て決済の割合が一四パーセント台、グローバル金融に占める順位が七位に降下したこともあった。それもこれも、上述の二〇〇八年来の通貨膨張の後始末に苦戦しているからだ。

人民元のグローバルな存在感を上げたい。つまり、人民元の足を長くしたい。だが、あまり足長に遠出ばかりしていると、グローバル経済津々浦々に人民元が溢れかえって、その価値が低下してしまう。人気ランキングは上げたい。だが、そのためにあまり出歩き過ぎると、供給過剰で値打ちが下がる。そこで、やむなく、さしあたりは短足化への逆回転を進めているのが現状だ。

▼人民元のジレンマとトリレンマ

通貨としての足の長さという話題は、人民元の第四テーマに直結する。それが、「人民元の悩みは何レンマなのか」だった。

前述のとおり、今の人民元は、足を長くして遠くまで出回りたいという願望と、それをやり過ぎると値打ちが下がるというジレンマに当面している。

これが、流動性対希少性のジレンマだ。これは、アイドル・タレントのジレンマと言い換えてもいい。どんどん出回らなければ人気の出ようがない。だが、出回り過ぎると飽きられる。

人民元をめぐっては、もう一つの悩み事がある。それが、第三章でも取り上げた国際経済あるいは国際金融のトリレンマである。ある国が為替の安定と金融政策の自律性と自由な資本移動の三つを追求しても、それは空しい。このうちの二つは同時達成できても、三つは無理。これが国際経済のトリレンマである。

今の中国は、さしあたり、自由な資本移動を犠牲にすることで、金融政策の自律性と為替安定をなんとか確保しようとしている。

少し前までは、自由な資本移動に力を入れていた。そのおかげで為替安定が損なわれ、どうかすれば、金融政策の自律性も脅かされる状態に陥ってしまった。だから、今はさしあたり自由な資本移動を諦めている。

だから、人民元の足が短くなってしまった。

流動性対希少性のジレンマ。そして為替安定と金融政策の自律性と自由な資本移動のトリレンマ。今の中国は、ジレンマとトリレンマの両方にさいなまれている。こういうのを何レンマと言うのだろう。ジレンマは二者対立。トリレンマは三者対立だ。

してみると、中国の悩みは2＋3なのか。はたまた、2×3なのか。2＋3で5ならば、「ペンタレンマ」だ。2×3で6ならば、「ヘキサレンマ」となるわけだ。何も無理をしてギリシャ語を使うこともない。2＋3で5なら、「ゴレンマ」で、2×3で6ならば、「ロクレンマ」でいいだろう。

いずれにせよ、人民元の悩みは深い。この辺に、冒頭で申し上げた人民元に対する筆者の「得体の知れなさ」感の本質があるように思う。どんな通貨でありたいのか。自分で自分がよくわからない。悩み多き通貨の実態がそこにある。

▼人民元は通貨の王様になれるのか？

そして、このことがまた、第五の問題として掲げた「人民元は国際基軸通貨になれるのか」というテーマにそのままつながっていく。

国際基軸通貨とは何か。端的に言えば、それは世界で一番足の長い通貨のことである。どこに行っても通用する。誰に対してでも通用する。

江戸の庶民は、「御足」と同様に「天下の通用」という言い方でおカネのことを表現した。国際基軸通貨は、まさに「天下の通用中の通用」だ。御足の王様だと言ってもいいだろう。

ある通貨は、どんな時に御足の王様になるのか。それは、その通貨を持ったり使ったりしていると、天下の誰もが幸せになれる時である。ある国が国際基軸通貨国の地位につけるのは、その国にとっていいことが、世界中にとってもいいことだという関係が成り立つ時だ。大英帝国が繁栄すれば、全世界が繁栄する。アメリカが栄えれば、他の全ての国々がその恩恵に浴して豊かになれる。

このような関係が成立するのは、いかなる時か。それは、ある国が他の国々の追随を許さない強さを独り占めしている時だ。そのような状況の下では、その独り占め国の通貨が世界最長足通貨として、通貨の世界に君臨する。

そこで、人民元はどうかということだが、実を言えば、この「人民元は国際基軸通貨になれるのか」という設問自体が、端的に言って間違っている。多くの人々の強い関心を呼ぶテーマだが、そもそも、このテーマ自体がいまや時代錯誤だ。筆者はそう思う。

なぜなら、ヒト・モノ・カネが国境を容易に飛び越えていくグローバル時代において、いかなる国といえども、他の追随を許さない強さなど、独占はできない。突出した強さの持続は許されない。それがグローバル時代の面白いところだ。独裁者の存在を否定するという意味で、実はとてもよい時代なのかもしれない。

今の世界の国々の間に、大英帝国とその他大勢の間に存在したような格差はない。一方で格差の時代だと言われる。それはそのとおりだ。だが、大英帝国の時代やさらにさかのぼったローマ帝国の時代に比べれば、国力格差は大したことはなくなった。大英帝国時代のイギリスに比べれば、第二次世界大戦後のアメリカの強さの突出ぶりも、かなり限界のあるものになっていた。だからこそ、ドルの通貨の王様としての君臨も短命に終わったわけである。

グローバル時代は、どんぐりの背比べ時代だ。筆者は、かねがね、そう考えてきた。これだけヒト・モノ・カネの行き交いが激しく、速く、スケールが大きければ、誰もそうそう長くは突出的強さを独占できなくて当然だ。情報も技術も、凄まじい勢いで拡散してしまう。その中で、我こそは覇権の唯一の担い手なりと、誰が胸を張り続けることができるか。自分についてきさえすれば、みんなハッピーになれると、誰が豪語し続けられるか。そんな今、どんぐりたちは下手な背比べなどやめて、助け合い、支え合い、分かち合っていくことを考えたほうがいい。つくづく、そう思う。

グローバル時代をこのようなものとして受け止めれば、人民元は国際基軸通貨になれるのかという問いかけそのものが、成り立たなくなる。今は、国際基軸通貨の時代ではなくなった。基軸通貨なき時代。それがグローバル時代の大きな特徴なのではないだろうか。

この点を確認した上で、もし仮に、今がまだ国際基軸通貨が成り立ち得て、それが必要とされる時代であったとすれば、どうか。人民元にその資格はあるだろうか。

答えはもうみえている。ゴレンマやロクレンマでもみくちゃになっているようでは、国際基軸通貨の役割は果たせない。

まず、国際基軸通貨の位置につく通貨には、トリレンマがない。ドルを軸とする固定為替相場制度の黄金期において、アメリカにトリレンマはなかった。ドルは軸であるから、為替安定を心配する必要はない。一ドル＝三六〇円から日米為替関係が遠ざかるようなら、それを元に戻す責任は一方的に日本が担っていた。一ドルはいつでも一ドル。だから、アメリカはドル相場の行方などは気にかけず、自律的に金融政策を展開できた。資本取引を自由にしておいても、それに伴ってアメリカが困ることはなかった。

なにしろ、アメリカが世界に貸したカネは、いつもアメリカから世界がモノを買うという形でアメリカに還流してきた。そのことによってアメリカが豊かになればなるほど、世界もまた、豊かさの増進にあずかることができた。

しかし、そのアメリカも、最終的には流動性と希少性のジレンマに足を取られることになった。ドルが出回り過ぎて、その希少価値が低下した。誰もが、ドルの希少性に疑念をもち始めた時、ドル基軸体制の終焉が始まった。だが、この終わりが始まるまでの二十数年の間、ドルは確かに国際基軸通貨の地位を謳歌《おうか》した。

今の人民元では、仮に今日がまだ基軸通貨の時代だったとしても、そうはいかないだろう。

中国の為替相場制度は、本当のところ、何相場制度なのかわからない。足長通貨にはどうしてもなり切れない。あちらを立てればこちらが立たず、さらにはそっちも立たなくなる。ポリレンマの中を、必死で舵取りしていかなければならない。

こうしてみれば、人民元の通貨的状況は実にあやうい。一九四八年の出発点からみれば、確かに、長い道のりを果敢に歩んできたと言える。全くの通貨金融鎖国の状態から、巨大な中国経済を支え、この巨体を地球経済とつなげる通貨に育ち上がってきた。

だが、よくよくみれば、まだ、随所にひ弱さがある。中華人民共和国によるきめ細かい管理の手を借りなければ、グローバル金融の荒波を乗り切ってはいけない。

アダム・スミス先生の「見えざる手」ならぬ国家権力の「とてもよく見える手」が小まめにやり方を調節しながら面倒をみてくれないと、足取りがおぼつかない。今の人民元は、まだまだ、そんな通貨だ。

カネの流れについても、「見える手」が絶え間なく調整を施し、流れ具合を調節し、具合を整えていなければ、何が起こるかわからない。国内においても、対外的にも然りだ。

人民元の足の長さに人々が不安を抱かないように、中華人民共和国は人並みはずれた管理能力を発揮し続けなければならない。

▼人民の通貨のはずなのに

面白いことに、中国は世界でも有数の電子決済大国だ。人々の日常のお買い物にも、電子マネーやスマホ・アプリを使った電子取引が幅広く使われている。贋金《にせがね》の横行に人々が辟易《へきえき》しているからだという説もある。紙幣や硬貨を大量に手元に持つことの不用心さも一要因だという。

さらには、中国の人民たちは、暗号通貨も大好きなようだ。資本流出規制が強化される中で、多くのニューリッチ族がビットコインで資金を中国の外に持ち出そうとしたらしい。

こうして、人民の通貨が人民の目の前から次第に消えていく。この帰結はどうなるのだろう。

これもまた、是非追究してみたいテーマだ。もとより、これは人民元に限った問題ではない。法定通貨の電子化は、ここに来て様々な形で様々な国で加速する傾向にある。暗号通貨による通貨の世界の乗っ取りを防止したい。恐らくは、この危機意識が、中央銀行たちのデジタル指向を煽《あお》っているのだろう。

それはそれとして、中国でこのまま電子決済がさらに普及していくとどうなるだろう。人民元が完全にペーパーレスになってしまうと何が起こるか。中国人民は、どれだけ自分たちのものであるはずの人民通貨を自分たちのために働かせることができるだろうか。デジタル情報化した人民元は、中華人民共和国の「見える手」にとって、一段と管理しやすいものになっていくだろう。

というよりは、「見える手」が知らないうちにデジタルな「見えざる手」に変身して、今よりももっと小まめに、もっと器用に、もっと包括的に人民元の面倒をみる体制ができあがっていきそうに思われる。そのことで、果たして人民元はその人民通貨である「人民幣」としての本質に近づくことになるのか、遠ざかることになるのか。

このように考え進んでくると、人民元の第六にして最後のテーマ、「人民元が人民元でなくなる日は来るのか」がおのずと目前に浮かび上がってくる。

ここまでみてきたことを、改めて整理してみよう。

人民元は人民元でなければならない。なぜなら、人民元という名前の中には、中華人民共和国の中華人民共和国としての決意表明が込められている。

だが、人民元が人民元でなければならないばかりに、人民元は、どうも、なかなか伸びやかに真の人民幣＝"renminbi"とはなり得ない。

そこに、実を言えば中華人民共和国の究極のジレンマがあるのではなかろうか。このジレンマは、国際基軸通貨の流動性対希少性のジレンマより深い。国際的な経済活動に携わる全ての国のトリレンマよりも厄介だ。

中華人民共和国が中華人民共和国である以上、人民元が人民元であることをやめることはできない。基本的にはそういうことなのだろう。

然らば、中華人民共和国が中華人民共和国のまま、人民元を真の人民幣にすることができるか。この課題に、中華人民共和国がイエスと答えられる日が来た時、グローバル金融の世界もまた、大きく変貌するのかもしれない。

「人民幣＝"renminbi"＝人民の通貨」はいい。人民の通貨というのは、なかなかグローバル時代にふさわしい概念ではないかと思う。

今、世の中で警戒感をもってみられている「ポピュリズム」の本来の意味は、人民主義だ。人民の人民による人民のための政治と社会。それを目指すというのが、真のポピュリズムが標榜《ひょうぼう》するところだ。

だが、その旗印を人気取りの国粋主義政治家たちがハイジャックしてしまっている。それが現状だ。真の人民主義を体現する真の人民通貨。それは、グローバル時代の通貨秩序を考える上で一つの手がかりになるかもしれない。

それをグローバルにみんなで考えられるようになるためにも、人民元が真の人民幣となる日をみてみたい。

第七章　ＳＤＲのフワフワ感

▼定義ができないSDR

この章ではSDRを取り上げたい。SDRのフルネームは、"Special Drawing Right"だ。IMFの「特別引き出し権」である。「IMFの」という言い方は「IMFが生み出した」ことを意味している。

SDRは一九六九年生まれだ。実際に世の中にお目見えしたのは一九七〇年初めからだが、IMFの公式文書の中で「IMFが一九六九年に創設した」と書かれているから、一九六九年生まれということにしておこう。

実を言えば、この「特別引き出し権」という名称は、その実態をあまり上手く表現していないと思う。英語が"drawing right"となっているから仕方がない。だが、実態的に言えば、これは「引き出し権」というより、どうも「引き換え券」に近い性格のものだと考えたほうがいい。

引き換え券の「券」は、正しく「券」である。「権」の誤植ではない。なぜ引き出し権ではなくて引き換え券なのか。このことを含めて、このSDRなるものの正体を見極めていきたいと思う。

なぜ、ＳＤＲに注目するのか。それは、ＳＤＲがいかなる存在なのか、なんともわかりにくいからである。

通貨じゃないけど、通貨みたいだ。大事じゃないみたいだけど、大事かもしれない。持ってても意味ないみたいだけど、持ってたほうがいいかもしれない。こんな雰囲気を醸し出しながら、なんともフワフワした具合に国際通貨談議の中を浮遊している。それがＳＤＲだ。

何かの折に、「やっぱり、結局はＳＤＲになるんですかね」とか、「そう言えば、ＳＤＲってありましたよね」などという感じで、ふと話題になったりするのである。実に得体が知れない。

むろん、字面上では明確な定義がある。国々の国際収支統計にも、ＳＤＲはちゃんと計上されている。その限りでは、決して怪しいものではない。身元不明の不審物扱いしてはかわいそうである。

だが、それはそれとして、どうも腑《ふ》に落ちない。ちなみに、ある時、日経新聞がＳＤＲについて面白い書き方をしているのを発見した。次のとおりである。

「(二〇)一六年一〇月には国際通貨基金（ＩＭＦ）の仮想通貨である特別引き出し権（Ｓ

DR）に元が採用された」（二〇一七年五月三日付朝刊「人民元の貿易決済 半減」）

ここで言う元は人民元のことで、この記事の内容は第六章でも触れた話である。だが、まずもって、「SDRに元が採用された」という表現がわかりにくい。あまりにも舌足らずだ。この点にはまた後ほど立ち戻る。

なにはともあれ、ここでご注目いただきたいのは、「国際通貨基金（IMF）の仮想通貨である特別引き出し権（SDR）」の部分だ。なんと、SDRを仮想通貨だと言っている。この理解はどうか。直感的には相当に違和感がある。

そもそも、SDRが誕生した一九六九年には、ビットコインその他の仮想通貨（筆者的に言えば仮装通貨）は全く存在していなかった。第四章でもみたとおり、仮想通貨は暗号通貨だ。SDRはそうではない。

日経新聞がよく掲載する仮想通貨の定義は「紙幣や硬貨などの実物がなくインターネット上でやり取りするお金。円やドルなどと異なり中央銀行にあたる管理者がいない」というものだが、これもSDRとはフィットしない。むろん、一九六九年当時にインターネットは使われていなかった。

こうしてみれば、SDRを「IMFの仮想通貨」と表現することには、相当に無理がある。

ただ、こういう言い方をしたくなる気持ちも、わからないでもない。恐らく、どんな言い方でSDRを紹介するか、日経新聞の記者さんたちも、日頃から、かなり悩んできたのではなかろうか。その中で、仮想通貨に見立てるやり方がひらめいた。そんなことだったかもしれない。そう言えば、仮想通貨が出現してくる前は、どんな表現をしていたのだろう。筆者も読んでいるはずだが、記憶がよみがえらない。是非、調べてみよう。

経済ジャーナリストたちも、SDRの定義の仕方には、こんな具合に頭を悩ましている。やっぱり、それだけ、その正体が見極めにくいということだ。

この際、通貨の世界におけるこの気になる存在の位置づけを解明しておきたいと思う。ひょっとすると、この作業を通じて、通貨という不思議なものの正体にもう一歩肉迫することができるかもしれない。実を言えば、その期待もある。

さて、ここで本作業に入ろう。現時点でSDRはどんな姿を呈しているのか。それをなるべく包括的に整理していきたい。その上で、SDRの過去も振り返っておこうと思う。現在を眺め、過去を振り返る中で、SDRの正体が多少ともみえてくることを期待しながら、作業に踏み込んでいきたいと思う。何がわかるか、楽しみだ。

というわけで、まずは、ＳＤＲの「今」についてみておこう。押さえておくべきポイントが七つある。

第一に、ＳＤＲは通貨ではない（かもしれない）。第二に、ＳＤＲの価値は通貨バスケットによって決められている。第三に、ＳＤＲは通貨と交換可能である。第四に、ＳＤＲは準備資産である。第五に、ＳＤＲはＩＭＦが加盟国に配分する。第六に、ＳＤＲはＩＭＦに対する加盟国の債権ではない。第七に、ＳＤＲには金利がつく。順次、みていこう。

▼SDRは通貨なのか？

一点目の「ＳＤＲは通貨ではない（かもしれない）」というのは、いかにも変な書きぶりだ。だが、こうしか言いようがない。ＩＭＦの公式見解では、ＳＤＲは通貨ではないということになっている。

ここは実を言えば厄介なところだ。早くもＳＤＲのフワフワした性格が我々を悩ませ始めるのである。確かに、ＳＤＲでモノを買うことはできない。ＳＤＲの保有は公的機関にしか認められていないから、民間の市場に流通してはいない。これらの観点からみれば、ＳＤＲの通貨性は確かに低いと言えそうだ。

本書における通貨の定義を思い起こしていただきたい。通貨は、それを人々が通貨だとみなせば、通貨になる。その意味で、全ての通貨は仮想通貨だ。ここまでご一緒に旅をしてくる中で、我々はこの認識を共有してきた。この基準に照らした時、ＳＤＲに全く通貨性がないと言い切れるか。

次項でみるとおり、目下のところ、ＳＤＲの価値は他通貨の価値の「合成解」でしかない。ＳＤＲ自体に独自の価値があるわけではない。

けれども、世界中の人々が突然ＳＤＲが大好きになったらどうか。ＳＤＲこそ、通貨中の通貨だ。そう人々が幅広くＳＤＲを通貨だと認知すれば、ＳＤＲの通貨化を塞《せ》き止めることはできなくなるかもしれない。

欧州の単一通貨ユーロが導入されるに至る過程で、欧州委員会の経済・通貨・金融問題担当委員だったフランスの政治家、イヴ・ティボー・ド・シルギーが次のように言った。「我々は世界中が欧州単一通貨と恋に落ちてくれるといいと考えている」。ユーロを世界の恋人に仕立て上げたいというわけだ。

もしも、ＩＭＦがその気になって、ＳＤＲの「世界の恋人化大作戦」を展開すれば、ＳＤＲが世界で最も信認の厚いものに昇格する可能性が決してないとは言えない。

逆に、ＩＭＦがいくらＳＤＲは通貨ではないと突っ張り続けても、世間がそれでは納得せず、「ＳＤＲよこせ」運動を展開するような事態となれば、ＩＭＦがそれを完全に抑え込むことは、なかなか難しいだろうと思う。

かくして、ＳＤＲは通貨ではないというのが、さしあたり成り立っている公的見解ではあるが、これが不動のものだと決して断言できるわけではない。

▼世界的な通貨不信とSDR

第二点に進もう。「ＳＤＲの価値は通貨バスケットによって決められている」という特徴だ。これについては、疑問をはさむ余地はない。少なくとも、当面はそうだ。

だが、ひょっとすると、この答えも不動であり続けることはないかもしれない。この点については、すぐ後に考える。まずは、現時点でＳＤＲの価値を規定している通貨バスケットの中身をみておこう。

現在、ＳＤＲの価値を裏打ちしている通貨バスケットの中には、米ドル、ユーロ、人民元、日本円、英ポンドの五通貨が入っている。これら五通貨の価値を加重平均することによって、ＳＤＲの時々刻々の価値が決まる。

先述したように、ＳＤＲバスケットの中にかつて人民元は入っていなかった。人民元は二〇一六年一〇月から通貨バスケットに仲間入りした。ＳＤＲバスケットの構成は、加盟各国通貨の流動性や安定性、各国の経済規模などをＩＭＦが吟味して決める。バスケットの見直しは五年ごとに行われている。

では、ＳＤＲの価値が通貨バスケットに依存しない時代は来るのか。ＩＭＦが制度を変更しない限り、ないはずである。

だが、これも世の中次第だという面はある。世界が幅広く強いＳＤＲ選好を示し、ＳＤＲに勝手に高値をつけたりするようになれば、ＳＤＲに通貨バスケットから離脱した独自の価値が生まれる可能性が全くないとは言えない。

世界的な通貨不信が広がる中で、ＳＤＲに関する闇市場が発生し、ＳＤＲがとんでもない高値でやり取りされるような場面が、今後、出てこないとは限らない。ここもまた、結構、フワフワしている。

▼ＳＤＲはなぜ「引き換え券」なのか

次は「ＳＤＲは通貨と交換可能である」というポイントだ。これもそのとおりだ。むしろ、当面のＳＤＲは他の諸通貨と交換性があるところに価値がある。逆に言えば、他通貨と交換性のないＳＤＲには、今のところ価値がない。ただし、前述のとおり、これがいつまでもそうであり続けるわけではないかもしれない。

だが、それはそれとして、現状においてＳＤＲはＳＤＲのままでは価値がない。ＳＤＲを保有している国々も、ＳＤＲで借金を返すことは許されない。対外債務の返済にＳＤＲを使う場合は、まず、手持ちのＳＤＲを相手が受け取ってくれる通貨に交換し、その通貨を返済に充てる必要がある。

その意味では、確かに現在のＳＤＲは、いわば「生身の通貨」ではない。さしあたり、通貨としての独自の生命を宿してはいない。だが、生きた通貨と交換することはできる。だから、筆者は、ＳＤＲは「引き出し権」というよりは「引き換え券」だと思うのである。

「引き出し権」という言い方には、請求権としてのニュアンスが伴う。自分には「引き出す権利」というものがある。それが「引き出し権」の意味するところだ。自分には、この引き出しからカネを取り出す権利を確保している。「引き出し権」には、こうした響きがある。

だが、ＳＤＲ保有国は、他の国々の通貨を勝手に引き出しから引っ張り出す権利を有しているわけではない。借金の清算上、どうしてもある国の通貨が必要だとなれば、その相手国に対して、手持ちのＳＤＲと相手国通貨の引き換えをお願いしなければならない。相手がそれをいやがれば、それまでだ。「ＳＤＲはもう溢れんばかりに持ってます。間に合ってますから、ほかを当たって下さい」。そう言われてしまえば、引き下がるほかはない。どうしても、自分が持っているＳＤＲと生身の通貨を引き換えてくれる相手がみつからない場合には、ＩＭＦに助け船を出してもらうほかはない。支援を要請された場合、ＩＭＦが仲介に入って、ＳＤＲの買い取り相手を斡旋《あっせん》する。

斡旋対象となった国は、ＩＭＦの要請を断らないことが、原則となっている。断っても殺されるわけではないが、そこはＩＭＦ加盟国としてのエチケットがある。自分がＩＭＦのお助けにすがる場面も、ひょっとすればあるかもしれない。だから、国々は一応エチケットを守る。

▼ＳＤＲは資産となるのか？

第四点が、「ＳＤＲは準備資産である」ということだった。確かにそのとおりだ。ＳＤ

Rは各国の国際収支統計の中で、外貨準備の項に計上される。通貨ではないはずなのに、準備資産にカウントされるというところが、これまた、なんともフワフワしている。

第三点についてみたとおり、SDRは生身の通貨との「引き換え券」だ。その意味で、SDRの準備資産としての価値は、生身の通貨群の価値によって担保されていると言える。直接的には、SDRの通貨バスケットを構成する通貨の価値が、準備資産としてのSDRの価値を裏打ちしている。

だが、必要に応じて引き換え対象となる通貨の価値、そしてその通貨との交換可能性の大小もまた、準備資産としてのSDRの「使いで」を決めると考えていいだろう。すなわち、SDRの準備資産としての価値は、いま一つ、判然としない。手持ちのSDRがいざという時に準備資産としてどれだけ当てになるかは、折々におけるその「引き換え券」としての効力に依存する。そういうことになる。やっぱり、どうもフワフワしている。

▼世界がSDRに恋をした時

続いて第五点である。「SDRはIMFが加盟国に配分する」。そのとおりである。

ＳＤＲをどれだけ国々に配るかは、全くＩＭＦの裁量いかんだ。その誕生以来、ＳＤＲはこれまで四回にわたってＩＭＦ加盟諸国に配分されてきた。

最も大きな配分が行われたのは、二〇〇九年のことである。リーマン・ショックによって世界の金融資本市場が大混乱に陥り、国々が資金の流出や枯渇に見舞われる展開になった。この危機に対応して、ＩＭＦは国々の準備資産を増強するためにＳＤＲを配分したのである。

リーマン・ショックの直後ほど、国々がＳＤＲの有難味を実感した時はなかったかもしれない。ＳＤＲは突如として超人気者になった。それまで、ほとんど忘れ去られた存在になっていたのが、俄《にわか》に有力な助っ人として奉られる存在に大昇格した。思えば、あの時こそ、世界がＳＤＲに恋をした時だったかもしれない。

このように、ＩＭＦがその裁量によってＳＤＲの発行と発行規模を決める、その限りでは、中央銀行が管理する管理通貨によく似ている。だが、公式的な位置づけとしては、あくまでも非通貨なのである。フワフワ感が一段と高まる。

今後、どのような場面において、ＩＭＦはＳＤＲの新たな配分に踏み切るのだろうか。現在、グローバルな金融資本市場の雲行きはなかなか怪しい。アメリカが利上げモードを強める中で、新興諸国が資金流出と通貨安に見舞われて四苦八苦し始めている。

通貨危機と財務危機の常習犯であるアルゼンチンにいたっては、資本流出を防ぐために政策金利を二〇一八年の五月になんと四〇パーセントまで引き上げる羽目に追い込まれた(一〇月時点では七〇パーセント超)。

それでも、アルゼンチンの通貨危機はなかなか鎮静化しない。アルゼンチン政府は、ついにIMFへの支援要請に踏み切った。何回となくIMFのご厄介になっているアルゼンチンの人々は、IMFという言葉に強いトラウマを抱いている。IMFが乗り出してくると、財政も金融も猛烈な引き締めを余儀なくされる。支援の見返りに、身を切る痛みを強いられる。アルゼンチンの街角において、「IMF」はおおむね禁句だ。

だが、背に腹は代えられない。目下、アルゼンチンとIMFとの間で支援計画に関する調整が進みつつある。その中で、果たしてSDRへの言及があるか。筆者はそれに関心をもって展開を見守っている。今のところ、全くSDRの話は出ていない。アルゼンチン一国へのSDRの単独配分は、考えにくいのかもしれない。アルゼンチンが相手では、せっかくのSDRの引き換え券としての効果を発揮する展望が立たないのかもしれない。

もしも、そのような状況なのであれば、リーマン・ショック時に高まったSDR人気も、もはやすっかり色褪せてしまったということか。引き続き成り行きを注視したいところだ。ＳＤＲはいざという時に頼りになる隠れ人気者なのか。それとも、結局は実力不足のあだ花なのか。やっぱり、フワフワ。

▼ＩＭＦが世界中央銀行に変身する？

第六点である。「ＳＤＲはＩＭＦに対する加盟国の債権ではない」。これも、確かにそのとおりだ。

前述のとおり、ＳＤＲは、あくまでも生身の諸通貨との「引き換え券」だ。ＩＭＦという名の引き出しから、カネを持ち出す権利ではない。

ＩＭＦは、加盟諸国のための通貨製造装置にはなれない。そうなってしまえば、ＩＭＦは世界中央銀行になる。それを否定して基金としての位置づけを貫く。それが、出発点におけるＩＭＦのスタンスだった。

第五章で取り上げたＩＭＦ創設時のケインズvsホワイトのバトルを思い起こしていただきたい。イギリスを代表して戦後の通貨秩序構想の議論に臨んだケインズは、事実上の世界中央銀行の創設を提案した。そして、バンコールという事実上の世界共通通貨の導入も構想した。この世界共通通貨を世界の国々に配分し、それによる多角的な債権債務の清算の仕組みを提案したのだった。

しかし、アメリカはこの方向性を否定し、自国通貨ドルを基軸とする基金方式の通貨金融体制を提唱したのであった。今さら、ＩＭＦは世界中央銀行に変身することはできない。ＳＤＲを世界共通通貨に格上げするわけにはいかないのである。というのが建前だ。

だが、これも本当にそうだと言い切れるか。実を言うと、ＩＭＦは「新たな流動性創出」というテーマについて、研究を重ねてきている。

その中では、ＳＤＲの機能拡充やその通貨性の強化も検討の俎上《そじょう》に載せているのである。世界共通通貨についても、思いをめぐらしてはいる。ケインズに敬意を表して、その名をバンコールにしようかというようなことも、研究レポートの中に書き込んだりしているのである。この点についても、バンコールの章（第五章）でご紹介したとおりだ。

こうしてみれば、いつまでも、「ＳＤＲはＩＭＦに対する請求権ではありません」という構えが貫かれ続けるとは言い切れない趣が出てき始めているのである。ＳＤＲをめぐって、ＩＭＦそのものの根本的あり方についても、ひょっとすると、徐々にフワフワ感が出てきているのかもしれない。

▼SDRの不思議な金利

最後の第七点である。「SDRには金利がつく」。これをどう受け止めるか。

もしもSDRが通貨なのであれば、ただ単に保有しているだけなのに金利がつくというのはおかしい。我々のお財布の中に入っているおカネに日々金利がつくなら、それは嬉《うれ》しいことに違いない。だが、理屈には合わない。誰かに貸しているカネなら、もちろん、金利がつくのはいい。ヒトに貸している間、貸し手はそのカネは使えない。その機会損失に対して金利が支払われる。これは当然だ。だが、持っているだけで金利を稼げるカネは、おとぎ話にしか出てこない。

逆に言えば、金利をつけることによって、IMFはSDRが通貨ではないことを念押ししている。そのように解釈することができるかもしれない。

ただ、SDRに関する金利のつき方が少々面白い。国々は、配分されたSDRをそのまま持ち続けているだけなら、金利を受け取りもせず、支払いもしない。ところが、ある国のSDR保有額が当初配分額を下回ると、その国は、この差分についてIMFのSDR勘定に対して金利を支払う。一方、ある国のSDR保有額が当初配分額を上回ると、その国はこの差分についてSDR勘定から金利を受け取れる。

保有額が配分額を下回る国は、要するにSDRを使って他国から「引き換え券」の使用分に相当する借金をしたことになる。だから、その分に対して金利を支払うことになる。逆に、保有額が配分額を上回る国は、その分だけ、他国に自国通貨を提供したわけである。したがって、その分について金利を稼ぐことになるわけだ。

これはこれで理屈が通る。ただ、使いも受け取りもしないSDRに金利がつかないのは少し気になる。

SDRは、通貨と利子生み資産のハイブリッド的存在なのか。ある時は通貨、ある時は利子生み資産。ある時は個体、ある時は液体。これがまたフワフワである。

▼流動性ジレンマから生まれる世界不況

さて、これでSDRの「今」を一通り概観した。そのイメージをもちながら、SDRの「過去」をみてみよう。一九六九年のSDR誕生にいたる展開の発端は、流動性ジレンマであった。

この流動性ジレンマという問題については、第六章、人民元を取り上げた時にご一緒に考えた。ロバート・トリフィンという経済学者が、早くから指摘していた問題である。世界が求める通貨は、潤沢に供給されなければいけない。だが、供給があまりに潤沢になると、世界が求める通貨は世界が求める通貨ではなくなってしまう。希少価値がなくなってしまうからだ。逆に、希少価値をしっかり保とうとすれば、供給が不足してしまう。この希少性と流動性の相克関係、ないし二律背反関係を見抜いたことは、実にトリフィンの卓見だった。

さらに言えば、かのケインズもまた、実はこの問題を懸念していた。この点についても、バンコールの章で検討したとおりだ。

一つの国の国民通貨を世界がその共通通貨として共有する時、その一国が、世界共通通貨でもある自国通貨の供給責任とその価値保全責任という二律背反に直面し、通貨価値の保全を優先しようとする場合、世界は金欠症状に陥ってデフレ化する。

その道は、再び一九三〇年代と同じ世界不況に引きずり込まれていく道だ。ケインズはそれを恐れた。だから、一国通貨を軸としない体制を提案した。すなわちバンコール構想である。

トリフィンもまた、基本的に同じことを心配した。第二次世界大戦後において事実上の世界共通通貨の保有国となったアメリカは、その重責に当面して、さぞや、悩むことだろう。そして、なんとか自国の通貨価値の保全に腐心するだろう。

それは実にまともな対応だ。だが、このまともな対応が世界的な流動性の供給不足をもたらすことになると、一気に一九三〇年代不況の世界に逆戻りする。それを回避しなければならない。トリフィン先生はそう考えた。

そこで、ドル供給を補完する流動性の創設を提案した、すなわちＳＤＲである。トリフィン先生ご自身が、ＳＤＲそのものを提案したわけではない。だが、彼の流動性ジレンマ問題の提示が、ＳＤＲ構想の基本フレームとなったことは間違いない。

かくして、二人の偉大な先生が、ほぼ全く同じ懸念をもち、来るべき流動性不足への対応策を提案したのである。素晴らしいことだ。さすがは、経済と通貨の力学を鋭く掌握されていた先生方である。

▼流動性供給を選んだアメリカ

ところが、実を言えば、トリフィンとケインズのお二人とも、全くはずしていた一つのポイントがあった。それは、流動性ジレンマに当面した時のアメリカの反応である。先生方は、この問題に当面したアメリカが、流動性vs希少性のバトルにおいて、希少性サポーターの立場を選ぶと考えた。

だが、先生方のその読みを裏切って、アメリカは流動性供給重視のオプションを選んでしまったのである。

いや、この言い方は正確ではない。SDR誕生前後の顛末の中で、アメリカが優先したのは、世界に対する流動性供給責任ではなかった。当時のアメリカが選んだのは、アメリカ経済の成長力を維持するための流動性供給だった。

その決断を形にしたのが、ニクソン・ショックだった。一九七一年八月、アメリカはドルの金交換停止を宣言した。金への交換義務から解放されて、兌換性のないドルをいくらでも発行する。そのことによって、次第に萎えつつあるアメリカ経済の成長力に活を入れる。そのことを最優先する方向に舵を切ったのであった。

SDRが誕生した一九六九年は、アメリカのこの一九七一年の決断のまさに直前だった。前述のとおり、SDR体制が実際に動きだしたのは一九七〇年だったから、まさにニクソン・ショック直前がSDRのデビューのタイミングだったわけである。

トリフィン先生の極めて緻密で優れた心配を背景に、流動性補完策としてのSDR構想が立ち上がった。ところが、その直後に、流動性ジレンマの天秤《てんびん》は、過剰流動性供給の方向に大きく傾いてしまったのである。

ドルの金交換義務を放棄したことで、アメリカはドルの価値低下を気にせずにドルの供給を増やすことができるようになった。ドルが世界に溢れかえる時代の到来だ。ドル不足どころか、ドル過剰の時代に突入したのであった。

それに伴って、そもそも、国際的基軸通貨が当面する流動性ジレンマという概念も、さしあたり、限りなく希薄化していく様相を呈することになった。

こんな風になってしまえば、ひとまず、SDRは一気に位置づけ不明の存在になる。何のためにあるのかわからない。どういう存在なのかがわからない。この辺りが、SDRフワフワ化の原点だったと言えるだろう。

世界の流動性不足を補うべく創設されたSDRは、結局のところ、その使命をしっかり果たすことなく、今日にいたっている。唯一、リーマン・ショック時に補完的流動性としての役割を果たした。これはなかなか面白いことだ。

▼SDRは時代の狭間の通貨もどき

ところで、誕生当初のSDRについて、確認しておくべきことが一つある。それは、当初のSDRが金との関係でその価値を定められていたことである。一SDR＝金〇・八八八六七一グラム。これが当初設計で想定されたSDRの価値だった。

いまや、SDRの価値は通貨バスケットによって定められている。しかし、当時のSDRは、その価値が金との関係によって裏打ちされていたのである。

ただし、誕生当初でも金との双方向の交換性はなかった。国々は、手持ちの金をSDRに転換することはできたが、いったん手に入れたSDRを金に交換し直すことは許されなかったのである。

だから、あの当時のSDRは、「ペーパー・ゴールド」などと呼ばれることがあった。金との関係でその価値は守られている。だが、SDRを金と取り換えることはできない。それなりに大胆な試みだった。

しかし、その仕組みができあがった時、ドルは基軸通貨の座を降りようとしていた。そして、世界は変動相場制という名の無重力型国際通貨関係の到来に向き合わなければいけない場面に到達しつつあった。

こうしてみれば、SDRは、つくづく、時代の狭間《はざま》に登場することを強いられた「通貨もどき物」だったのだと思えてくる。生まれ出てきてみれば、すでに浦島太郎になっていた。SDRには、どうも、こうした雰囲気がつきまとう。

▼通貨と金融の境界領域

とはいえ、浦島太郎にも、筋がよければ貴重な存在価値はあるのだと思う。それは、竜宮城がどんなところだったかを教えてもらえるということだ。それがわかれば、竜宮城との違いを見極める中で、「今」の問題の所在を見極めることができる。

SDRの「今」の中からみえてくる問題は何か。

それは、SDRが通貨と金融の境界領域にある存在だということだ。前述のとおり、SDRには金利がついたりつかなかったりする。通貨でありそうで、そうではなかったりする。このハイブリッドで中途半端なイメージが、実は我々に多くのことを教えてくれているのかもしれない。

通貨にどのような要素が加わると、金融になるか。その要素とは、すなわち、信用である。

人間は信用できる相手にしかカネを貸さない。信用できる相手からしか、カネを借りようとはしない。通貨と金融の狭間地帯に陣取っているSDRには、通貨と金融を橋渡しする信用という要素が、果たして、内包されているのだろうか。

SDRは、到来することが想定されていた流動性不足を補うべく、創設された。しかし、実際には流動性過剰が戦後の経済過程の中で顕在化することになった。

これは大いなる矛盾だ。この矛盾が判明した時点で、SDRはお払い箱になってもおかしくなかった。それにもかかわらず、不思議なフワフワ感を漂わせながら、今なお、存在し続けている。

このフワフワ感から、我々は何を読み解くか。このフワフワ感の中から、どのような方向性が浮上してくるのか。それはまだよくみえてこない。だが、結論的に言えば、フワフワ感は悪くないだろう。フワフワしているからこそ、SDRはここまで生きながらえてきたのかもしれない。

フワフワと、これからどこに行くのか。フワフワと、世界共通通貨の地位に納まっていってしまうのか。それはどうもなさそうに思う。まぁ、ひとまず、引き続きフワフワしていてもらえればいいだろう。フワフワは、すなわち融通無碍《ゆうずうむげ》性だ。融通無碍なものは、緊張感の中でバッファー（緩衝装置）になれる。そこに期待をかけて、とりあえずフワフワなまま、漂ってもらっておくのが、どうも、SDRとのベストな付き合い方なのではないかと思う。

ただ、フワフワ物を放置しておくことに伴うリスクは、誰がどう担うのか。つまり、SDR問題である。すなわち、そ（S）れは、誰（D）の、リ（R）スク？

第八章　隠れ基軸通貨「円」の本当の姿

▼はかない夢のような通貨の姿

この本も、ついにこの章が最後である。真打登場の場面だ。通貨という不思議を追究するこのドラマの終幕では、どんな真打にご登場いただくのがいいのか。答えは明らかだ。それはやっぱり、我らが「円」師匠だろう。

日本の円は師匠と呼ぶには少々頼りないところがある。でも、それなりに年季は入っている。通貨的真打の地位確保に向けて、様々な波瀾万丈を経てきてもいる。修行はそれなりに重ねてきたと言っていいだろう。その間に、結構、独特の味わいを身につけてきた。その辺を吟味しながら、円の絵巻をひもといてみたい。

しかし、せっかくの最終章である。本題に入る前に、ここまでのドラマの展開過程を回顧しておくとよさそうに思う。締め括《くく》りの章なのであるから、締め括るべき「ここまで」を改めて確認しておくことが妥当だろう。

そこで、振り返ろう。まず、第一章では、通貨とバラの違いを考えた。バラは名前が変わっても、あくまでもバラだ。仮に名前は「クマさん」になっても、バラとしての姿形も、その香りも変わらない。バラにとって、名前はある意味どうでもいい。それを、シェイクスピア悲劇『ロミオとジュリエット』のヒロイン、ジュリエットが我々に教えてくれた。

しかし、通貨にとっては、名前が肝心だ。「円」は、「円」という名前がついているから、「円」だと認めてもらえる。「円」という名前が保持されている限り、例えば見た目がバラであってもクマさんであっても、それはどうでもいい。通貨になりうる。

かくして、通貨は人がそれを通貨だと認めてくれる限りにおいて通貨である。でも、ひとたび、人々がその通貨性を否定すれば、見た目がどう美しかろうと、いかに香りがよかろうと、通貨は通貨としての実存性を失う。

続く第二章では、「嘆きの通貨、ドルの行方」を取り上げた。考えれば考えるほど、いまや、ドルは嘆き節の通貨と化している。そのことを、この章で実感した。

戦後世界の経済過程が離陸する時、ドルは国際的な通貨関係の太陽系において、その太陽の位置を占めていた。ドルが太陽通貨である時代。それが戦後のIMF体制の発足とともに始まった。そして、一九七一年八月一五日のいわゆるニクソン・ショックをもって終焉した。

太陽通貨としてのドルの覇権の時代は終わって久しい。ニクソン・ショック後のドルは、その落ち着き先を探り続けて、今日にいたっていると言っていいだろう。

この模索過程で、今、実に厄介な存在がアメリカに出現している。言うまでもなく、かのドナルド・トランプ親爺《おやじ》である。トランプ大統領の登場こそ、ドルの嘆き節の最後の一節かもしれない。

トランプ大統領は「アメリカを再び偉大にする！（Make America great again!）」と大見得を切る。だが、実際には、この人が舞台に上がってしまったことで、それまで、ドルが多少とも保持していた太陽通貨の名残の輝きは、最終的に消え果てた。

ところで、この「嘆きの通貨、ドルの行方」の章で、筆者は次のように書いている。「現時点で大いに気になるのは、泣きべそ通貨の開き直りだ。通貨がダメなら通商がある。……リベンジは通商でやる。……日米間でも、そういうことになりそうだ」。

そして今、太陽通貨転じて嘆き節通貨の国の大将、トランプ親爺は、まさに「リベンジ通商」の全面展開に打って出ている。こういう形で見通しが当たってしまうのは、なんとも怖いことである。

元太陽通貨ドルに続いて、第三章では、二〇世紀末に駆け込み的に登場した新参通貨、ユーロを取り上げた。

ユーロは合成通貨だ。EU加盟諸国のうち、一九カ国の国々の通貨を加重平均的に合体することで成り立っている。いわば作り物通貨である。

しかも、この作り物通貨を世に送り出したのは、もっぱら政治の思惑だった。政治のパニックと言い換えたほうがいい。決して、経済的必然性がこの作り物を産み落としたわけではない。政治の無理が通ることで、経済の道理が引っ込んだ。

その結果として通貨の世界に仲間入りしてしまったユーロは、果たしていつまで、その通貨性を維持し続けることができるだろうか。改めてこの問題を噛《か》みしめながらユーロの章の執筆を終えた。

第四章のテーマは、暗号通貨、世間の言うところの「仮想通貨」であった。「仮想通貨」を筆者的に言えば、「仮装通貨」だ。ビットコインをはじめ、コンピュータが発生させた一連の暗号通貨は、要するに通貨に仮装しているに過ぎない。通貨の振りをしているだけである。要はコスプレ通貨だ。

一方、「仮想通貨」という言葉は、コスプレ通貨ではない全ての通貨に当てはまる。なぜなら、第一章で考えたとおり、通貨は人々がそれを通貨だと認める、すなわち通貨だと「仮想」してくれることによって通貨になる。人々の仮想を通じてしか、通貨は通貨であり得ない。だから、次から次へと出現してくる暗号通貨たちだけに、「仮想通貨」という称号を与えるのはおかしい。

ただ、仮装通貨たちも、実は次第に既存の仮想通貨の世界に引き寄せられてきている面がある。国々のメガバンク、そして中央銀行たちが暗号通貨に関心を寄せ、決済手段としての可能性を追求しだしたからである。

この構図を、第四章の考察の中では「目黒のさんま」と「ツミレのさんま」の関係に見立てた。『鏡の国のアリス』の登場人物たちにも、力を借りた。おかげさまでかなり仮装の真相がみえてきたつもりになった。だが、不思議はまだまだ残る。その思いを抱きながら、次に進んだ。

第五章では、「バンコール」(bancor)に焦点を当てた。このタイミングでこのテーマを取り上げたのは、前記の仮装通貨の章の執筆途上で「バンコール・プロトコル」というものが出現したからである。「新規仮想通貨公開(ICO：Initial Coin Offering)」方式で資金調達をしようとするベンチャー集団の一つが、その企画書に「バンコール・プロトコル」という名前をつけたのである。バンコールを取り扱うタイミングを図っていた筆者には、これが渡りに船となった。

バンコールは、戦後通貨秩序の番人となったIMF体制の成立過程において、イギリスが提示した新たな通貨構想だった。パックス・ブリタニカが、その通貨的覇者の座をパックス・アメリカーナに受け渡す場面、その中で提示されたのが、イギリス代表、かのジョン・メイナード・ケインズ先生のバンコール構想だった。

ある意味で、バンコールこそ、究極の仮想通貨だったと言っていい。バンコールは、何もない真空の中から、ケインズ先生がつかみ出してみせた魔法の通貨だった。

あの時、この魔法の通貨が人々を充分に魅了し尽くすことができていたなら、二一世紀の通貨・金融状況も、今とはずいぶん違うものになっていたかもしれない。

けれども、あの時の世界は、バンコールを通貨だと仮想し切れなかった。結局は、既存のおなじみ通貨、ドルに戦後の通貨的覇者としての軍配を上げたのであった。

バンコールの章の執筆を通じて、筆者は、ケインズ先生が通貨と金融の本質をいかによく理解していたかを改めて確認した。ケインズ先生はなかなかの山師で、気に食わないところも結構あるが、通貨という不思議の解明力は、さすがに大したものだ。暗号通貨の考案者たちの比ではない。仮装通貨を生み出してきた愉快犯たちは、暗号作りは得意だ。だが、通貨と金融の何たるかはわかっていない。ここが、バンコール・プロトコルの考案者とバンコールの提案者であるケインズ先生の格の違いだ。

第六章のテーマが人民元だった。いずれ取り上げなければと思いながら、この本の終盤まで先送りしていた。どうも得体の知れない通貨なので、注目することをおっくうがっていたのである。なぜ、おっくうだったかと言えば、そもそも、「人民元」というネーミングに奇異なものを感じていたからである。だが、重い腰を上げて人民元と向き合ってみた結果、この「なぜ人民元？」の謎が解けた。

結論的に言えば、人民元は人民元ではなかった。実は「人民幣」すなわち「人民通貨」だったのである。ところが、中華人民共和国の政治体制の下では、人民元は本当の人民通貨にはなり得ない。

こう言い切ってしまうと怒られそうだ。でも、突き詰めていけば、そういうことになるのだと思う。人民元が真の人民通貨となる日は、果たして来るか。このことに思いを馳せながら、人民元の章を終えた。

そして直近の第七章では、ＳＤＲ（Special Drawing Right）にフォーカスした。ＩＭＦがつくり出した「特別引き出し権」である。

バンコールを取り上げた以上、いずれ、ＳＤＲにも目を向けなければならない。そう考えていた。改めてみつめ直してみたところ、これがまた実に怪しげな代物だということがわかった。どうも、通貨の世界には、得体の知れない存在が多々浮遊している。その意味で、この本を『「通貨」の正体』と名づけたことは正解だった。そう納得してしまう。

SDR探求の旅の中で、出会った言葉が「フワフワ」だった。SDRの通貨性は実に曖昧だ。フワフワしている。SDRの位置づけは、とても浮動的だ。通貨と金融の間をフワフワと浮遊している。

折しも、IMFは今、SDRに代わる（あるいはSDRを補完する）国際流動性の導入可能性を模索している。そして、その新たな国際流動性をバンコールと名づけようか、という話が出てきているのである。これは面白い。

かつて、バンコール構想を否定することで生まれたIMF体制が、その機能強化に向けてバンコールの名をよみがえらせようとしている。かくして、歴史はひとめぐりして原点に立ち戻った。そのような雰囲気もある。

二一世紀の通貨的世界は、二〇世紀後半が始まる時に置いてきぼりにしてきたバンコール構想を、今、取りに帰ろうとしているのか。

そのようにして新たな通貨秩序が形を成していくことになるのだとすれば、その中で、我々が出会ってきたドルやユーロや人民元や、コスプレ通貨たち、そして、今から検討し始める円という通貨は、どのような位置を占めていくことになるのか。

このように思いをめぐらしながら、いよいよ、本題に踏み込んでいくこととしよう。

▼翻弄されるだけが「円」なのか?

円とは、どのような通貨か。この通貨をどう性格づけすればいいのか。本章の冒頭で、真打登場だと書いた。円師匠という言い方もした。そのつながりで言えば、落語の登場人物になぞらえて、円のイメージを膨らませるのが筋だろう。あるいは、歴代の名落語家の中から、円に見立てるのにふさわしい師匠を選ばせていただくべきところだ。

しかし、どうも、これがしっくりこない。冒頭でも、師匠と呼ぶには、円は少々頼りないと書いた。円という通貨に、落語の名手に喩《たと》えるだけの風格があるか。奥行きがあるか。そして、諧謔《かいぎゃく》精神が備わっているか。円の通貨史の中からは、どうも、これらのことを読み取ることができない。残念ながら、落語モードで話を進めることは断念したほうがよさそうだ。

然らば、筆者が落語に負けず劣らず好きなオペラの世界はどうか。オペラの主人公たちの中に、円とイメージが重なるキャラクターが存在するだろうか。

オペラで日本とくれば、直《ただ》ちに思い浮かぶのが、かの『蝶々夫人《ちょうちょうふじん》（マダム・バタフライ）』だ。イタリアが世界に誇るオペラ作家、ジャコモ・プッチーニの代表作の一つだ。うぶな蝶々さんはアメリカの海軍士官、ピンカートンさんと恋をする。ところが、彼は彼女を捨ててさっさとアメリカに帰り、青い目の貴婦人と結婚してしまう。この辺り、さながら、米ドルに翻弄される日本円という構図だ。

だが、これでは、いかにも当たり前過ぎる。さらに言えば、一見当たり前風ではあるが、実を言えば、円ドル関係に関するあまり正確な比喩ではないかもしれない。理由は後述する。

ジョルジュ・ビゼー作の『カルメン』はどうか。カルメンは、ピュアな青年、ドン・ホセを翻弄する気ままな悪女だ。男を手玉に取るのは朝飯前。そんなカルメンに老いも若きもメロメロになる。大いに魅力的なヒロインだ。

だが、そうした彼女の悪魔性を、円に投影するのはやっぱり少々無理がある。カルメン的に小股の切れ上がったところを日本円さんに見いだすことは、どうひいき目にみても難しい。

ジュゼッペ・ヴェルディ先生作の大悲劇、『椿姫《つばきひめ》（ラ・トラヴィアータ）』はどうか。この作品の薄幸のヒロインがヴィオレッタだ。彼女は天使の魂をもつ高級娼婦《しょうふ》だ。驕慢《きょうまん》な振る舞いのヴェールの中に、純愛をそっと包み隠している。最終的には、労咳《ろうがい》で窶《やつ》れ果て、やってくるのが遅過ぎた若き恋人の腕に抱かれてこと切れる。

いくら何でも、この悲惨な生涯を円の命運に重ね合わせるわけにはいかないだろう。あれこれ思いをめぐらす中で、最終的に浮かび上がってきたのが、ローマの歌姫、トスカの姿だ。『蝶々夫人』と同様、『トスカ』もプッチーニの作品だ。でも、この二人はかなり性格が違う。

蝶々さんは、ひたすら受け身でひたすら弱い。どうにもならない運命に徹底的に弄ばれるばかりだ。彼女の唯一の積極的な行動は、最終的にみずから命を絶つことだ。そこにいたるプロセスでは、ただただ、小突き回されているばかりである。

一方、トスカは少々違う。トスカの恋人カヴァラドッシは、反体制運動の闘士だ。体制側の憎き親分が、スカルピア男爵だ。この悪男爵も、トスカに惚《ほ》れている。二人の男の間で板ばさみとなるトスカは、弱いかと思えばなかなか強い。振り回されているのかと思えば、結構、主体的に物語をリードしていく。スカルピアによって絶対的な窮地に追い込まれたかと思えば、このセクハラ男を刺し殺して現場から逃走する。最終的には命を落とすが、それも、主体的な決意に基づく派手な投身自殺だ。

弱いのに強い。翻弄されているようで、翻弄している。物語の進行の中でもみくちゃにされているようで、実は結構、筋書きを描いている。追い詰められているようで、実は追い詰めている。

歌姫トスカのこの何が何だかわからない感じ。筆者には、この感じが、どうも、円によくフィットするように思えるのである。

▼アジア通貨危機を振り返る

円の「トスカ性」が初めてその片鱗《へんりん》を披露したのは、一九九七〜九八年にかけて炎上したアジア通貨危機の折である。アジア通貨危機は読んで字のごとしだ。東アジアの新興諸国が激しい通貨投機に見舞われたのである。タイ・フィリピン・インドネシア・マレーシア、そして最終的には韓国も巻き込まれた。

「東アジアの奇跡」と言われたこれら新興諸国の高度経済成長が、初めは投資資金、そしてやがては投機資金を引き寄せた。押し寄せるカネの洪水は、当然ながら東アジアの奇跡を東アジアのバブルに転化させていった。

バブルの風船は、膨らめば必ず破裂する。バブルの風船が破裂する時、発生するのが恐慌だ。アジア通貨危機は、この典型的な顚末をたどって広がっていった。

あの時、諸悪の根源はヘッジファンドだと言われた。これら現代版国際金融の小鬼たちが、投機の嵐を引き起こしてアジア新興諸国に襲いかかった。襲撃のために使われたのが、「グローバル・キャリートレード」という手法であった。当時は、もっぱら、そのように論評されていた。

「グローバル・キャリートレード」について少し説明しておこう。キャリートレードの「キャリー」は、実態的には「利鞘《りざや》」を意味する。資金を右から左に移すことで稼ぎ出せる利幅。それが「キャリー」である。

より語源的なところにさかのぼって考えれば、「キャリー」は〝carry〟である。すなわち、「運ぶ」とか「担う」とか「持っている」を意味する。ある金融商品が〝carries X% interest〟と言えば、その商品に「Xパーセントの金利が付いてくる」、言い換えれば「Xパーセントの金利を運んでくる」ということを意味している。

この感じをつかんだ上で言えば、キャリートレードとは、要するに、ある場所から別の場所にカネを運ぶ（キャリーする）ことによって、それに伴って発生する利鞘を手に入れるビジネスだと考えていい。

つまり、キャリートレードの「キャリー」はカネに旅をさせることによって得られるお土産（＝資金投下による金利収入）と、この「運び」行為に伴うお荷物（＝資金調達のための金利支払い）の差額である。

アジア通貨危機の当時、ヘッジファンドの小鬼たちはもっぱら日本からアジア新興諸国へとカネをキャリーした。それも当然だ。なにしろ、あの当時の日本はゼロ金利の世界に急接近中だった。世界に先駆けてゼロ金利政策を導入したのが日本だ。その金融未体験ゾーン入りが近づきつつある日本で、小鬼たちはほとんど調達コストがかからない、つまりお荷物が事実上無しの状態でカネを日本からキャリーする（＝運び出す）ことができた。

そして、カネを運んでいった先の新興アジアでは、バブル下の高金利を丸ごと、お土産として手に入れることができたわけである。こんなにおいしい運び屋稼業はない。

日本と新興アジアの間で、カネの運搬ビジネスが盛行しないわけがなかった。

▼ヘッジファンドが犯人だったのか?

こうしてみれば、新興アジアにバブルの種を運ぶ役割を果たしたのは、確かにヘッジファンドだった。だが、そもそも、彼らがどうしても運びたくなるようなバブルの種を生み出していたのは、日本だったのである。ヘッジファンドの小鬼たちが運び込んだのは、ジャパン・マネーであった。

そもそも、ヘッジファンドの投機的運び屋稼業が始まる前の段階で、ジャパン・マネーはせっせと新興アジアに稼ぎに出ていた。その段階では、日本からの資金移動は、投資であって投機ではなかった。当時の円高を追い風として、新興アジアへの日本企業の工場進出がどんどん進んだのである。それが「東アジアの奇跡」を一段と威勢のいいものに仕立て上げていたことは、間違いない。

しかし、その後に日本はデフレが深化し、そこからの脱却を目指してゼロ金利という未知の世界に踏み込むことを余儀なくされた。その段階で、ジャパン・マネーは生産的な投資資金という形で新興アジアに出向いていく自力を失った。だからこそ、そこにヘッジファンドが割り込んでいく余地が生じたわけである。

いずれにせよ、ヘッジファンドをアジア通貨危機の真犯人に見立てるのは、どう考えても表面的に過ぎる。運び屋は、運ぶものがなければ動けない。アジア通貨危機という二〇世紀末に発生した通貨動乱において、その激震の震源は日本にあった。そう考えるのが筋である。

あの時、日本も新興アジアで発生した通貨危機で大いにきりきり舞いさせられたことは事実だ。ヘッジファンドの目まぐるしい動きに煽られて、右往左往したことも間違いない。とはいえ、そもそも日本において巨大なカネ余りの渦が形成されていなければ、あのように手に汗握る通貨の悲劇は生起していなかった。

まさしくここが、日本円のトスカ的なところだ。一見したところでは、外生的に押し寄せてきた出来事の嵐に呑み込まれたようにみえる。

だが、よくよく観察してみれば、嵐の発生源は日本の外にあったわけではない。日本の内なるカネ余りが、ことのそもそもの発端を形成していた。新興アジアも、そして運び人役に駆り出されたヘッジファンドさえも、実を言えば、怒濤《どとう》のジャパン・マネーに押し流され、駆り立てられていたのである。

アジア通貨危機というドラマは、ジャパン・マネー抜きでは決して語れない。『トスカ』

がトスカ抜きでは成り立たないのと同じである。振り回される者でありながら、実は振り回す者でもある。犠牲者でありながら、同時に決定的な加害者でもある。この二面性がトスカという人物の面白いところだ。

円についても、この二面性が折に触れて現れる。アジア通貨危機の時にも増して、円のトスカ的二面性が前面に出たのが、あのリーマン・ショックとそこにいたるプロセスにおいてである。

▼リーマン・ショックの火元は日本

ご承知のとおり、リーマン・ショックそのものが発生したのは、二〇〇八年九月のことだ。リーマン・ショックの経緯や背景を語り出せば切りがない。実にざっくり言ってしまえば、証券化という手法を介して、金融機関と投資家たちが相互に不良債権を転売し合っているうちに、経営破綻の連鎖に火がついた。そのように整理してしまっていいだろう。

そして、この破綻の連鎖にいたる最初のほころびとなったのが、投資銀行のリーマン・ブラザーズだった。リーマン社の社屋から、同社の経営破綻に伴って解雇された従業員が、段ボール箱を抱えて続々と出てくる。あの光景をご記憶の向きは多いだろう。

リーマン・ショックはなぜ起こったか。結論的に言えば、ここでもまた、震源地は日本だったと考えるべきところだ。

リーマン・ショックにいたる過程では、世界中に低金利状態が広がった。それなりの経済成長に低物価と低金利が組み合わさることで、天下泰平の経済的理想郷が現実のものとなった。あの当時、さかんにそのようなことが言われたりもした。だが、あの時の低金利の元をたどれば、やっぱり、日本に逢着《ほうちゃく》する。

前述のとおり、アジア通貨危機の時、日本は世界初のゼロ金利政策を導入していた。そのことが、ヘッジファンドの小鬼たちを円キャリートレードに向かわせたのだった。

それに対して、リーマン・ショックにいたる過程では、日本の金融政策は、これまた世界初の量的緩和という未知の領域に踏み込んでいた。金利を操作するのではなく、中央銀行が供給する資金の量を操作目標とする。ひたすら、カネの量を増やすことに照準を当てる。それが日本銀行の新方針となったのである。

かくして、日本は、金融政策が意図的に、そして極めて直接的にカネ余り状態をつくり出すことに専念する時代を迎えた。円で日本経済が溢れかえる。そういう状態をつくり出すことを、中央銀行が使命とする。そのような時代が到来したのである。こうして日本中に溢れかえった円は、次第に世界に溢れだしていくことになった。この時も円キャリートレードが運び屋として大いに力を発揮した。

そして、運び屋の行き先は、アジア新興諸国ではなかった。当時のアメリカは前述の証券化という手法を通じて、結構な高利回りが稼げる、そういう国になっていた。だから、溢れかえるジャパン・マネーもアメリカに殺到し、アメリカの証券化バブルを一段と煽り立てる役割を果たしたのである。

出稼ぎジャパン・マネーのおかげで、ただでさえ歯止めが利かなくなりつつあった証券化の宴《うたげ》が、一段と喧騒《けんそう》を極め、狂乱的様相を深めることになった。そして、リーマン・ショックが、この狂乱の舞いに衝撃の終焉をもたらしたのである。

日本の量的緩和なかりせば、リーマン・ショックもなかった。そのように考えて、決して大過ないのだと思う。

全般的低金利状態の中で、少しでも高利回りを稼ぎたい。投資家たちの必死の思いが、証券化手法による不良債権の押し付け合戦に激しく火をつけてしまった。火にどんどん注がれる油の役割を果たしたのが、ジャパン・マネーだ。

この時点で、日本は世界最大の債権国の地位に登ってすでに久しい状況にあった。世界で最もリッチな国の位置づけにあった。その国の政策が意図的にカネ余り状態をつくり出している。このような構図の下で、過剰流動性バブルが起きないほうがおかしい。

いうまでもなく、リーマン・ショックで日本経済は大いなる打撃を被った。デフレ脱却を目指して必死になっていたのに、新たなデフレ風がアメリカから吹き寄せてきた。泣きっ面に蜂とはこのことだ。誰もが、そう感じてたまらなく情けない気持ちにさせられた。日本がリーマン・ショックの大いなる被害者となったことは間違いない。

だが、リーマン・ショックのそもそもの火元は、たどっていけば日本であった。ジャパン・マネーが煽り立てた狂乱の帰結がリーマン・ショックで、そのリーマン・ショックが日本経済を一段と深いデフレの淵に追い落とす。

何やら、自作自演の悲劇の様相もみえてくる。振り回しながら振り回され、火元でありながら、類焼を被る。円という通貨のトスカ的二面性が、次第にくっきり浮き彫りになってくる。

▼隠れ基軸通貨としての円

かねがね、筆者は円には「隠れ基軸通貨」的特性があると考えてきた。

この「隠れ基軸通貨」という言葉自体は、実は筆者の発明ではない。アジア通貨危機と言い、リーマン・ショックと言い、円という通貨には、何かにつけてグローバル世間を揺るがす魔力がある。このことを授業で話題にした時、受講生の一人が、それはつまり円が隠れ基軸通貨だということか、と質問してくれた。実にセンスのいい質問だと思った。実にしっくりくるイメージだった。以来、この表現を使わせていただいている。

円がもつトスカ的二面性は、その隠れ基軸通貨的特性に由来する。そのように考えることができるのだと思う。

隠れ基軸通貨と隠れていない基軸通貨、つまりいわば「表基軸通貨」とはどこがどう違うのか。それは、隠れ基軸通貨には攪乱力《かくらんりょく》はあっても収拾力がないということだ。隠れ基軸通貨には、世間を騒がせたり振り回したりする力が備わっているが、騒動を丸く収めたり、軟着陸させることは苦手だ。

なぜそうなるかと言えば、そもそも、グローバル時代の今日においては、いずれの国の通貨にも、そんな力を独り占めにする能力が備わることはあり得ないからである。

グローバル時代は、力の分散の時代だ。ヒト・モノ・カネが容易に国境を越えて移動する。そのような時代において、誰かが突出した力を独占することは許されない。通貨覇権の時代は過ぎ去った。

それでも、人様に迷惑をかけるくらいの力なら、日本のような債権大国はもつことができる。そのことが、アジア通貨危機とリーマン・ショックという二つの通貨・金融的大事件を通じて立証された。そのように言うことができるのだと思う。

歌姫トスカには、悲劇をハッピーエンドに導く力はない。だが、凄まじい勢いで波瀾万丈を盛り上げる力はある。彼女の存在のせいで、二人の対照的な男たちが、彼女をめぐる愛憎の鞘当《さやあ》ての中で命を落とす。実に人騒がせな人物像だ。

円の通貨像にも、こういうところがある。いまや、存在感がとても大きい。だから、そのお膝元で変調が起きると、その衝撃がグローバル経済を揺るがす。

けれども、発生してしまった衝撃を収める力が、円に備わっているとは言えない。いつの間にか、円もまた、衝撃を受ける側に回ってしまう。結局は、物騒なエンディングに巻き込まれていくことになる。

トスカの最期も、実に物騒だ。自分の操と引き換えに、カヴァラドッシを銃殺の刑から救ったはずだった。銃殺はみせかけで、ほとぼりがさめたら、恋人同士の逃避行に向かう段取りになっていた。

だが、宿敵スカルピアの呪いは死しても解けず、空砲のはずが結局は実弾がカヴァラドッシめがけて発射され、彼はあえなく命を落とす。それを見たトスカは、もはやこれまでと投身自殺する。その時の彼女が言い放つ決めゼリフが、「スカルピアよ、神の御前で会おう」である。格好は実にいい。大いに盛り上がる。

しかし、事態をなんらかの形で収拾したとは、とうてい言いがたい。自滅だと言えば言える。やっぱり、トスカは隠れ基軸の女だ。

円という名の隠れ基軸通貨は、ここからどこに行くのか。投身自殺で興奮のうちに幕が下りるというわけにはいかない。いつまでも、世間をお騒がせすることを特技としてばかりもいられない。

さりとて、表基軸通貨への昇格を狙うわけにはいかない。前述のとおり、そもそも、グローバル時代という時代状況が、そのような存在を許さないからである。

さて、そこでどんな展望が出てくるか。ここで、もう一つのオペラに思いが及ぶ。『愛の妙薬』である。ガエターノ・ドニゼッティの作品だ。心温まる喜劇である。

主人公のネモリーノは、落語で言えば与太郎さんだ。気立てはいいが、なにかとドジを踏む。だまされやすい。オレオレ詐欺などには、すぐに引っ掛かるタイプだ。彼は村一番の美人の才女に恋をする。むろん、振り向いてはもらえない。だが、偽医者からもらった愛の妙薬を飲むと、なぜか一気にモテモテ男になってしまう。その裏にはカラクリがあるのだが、それはともかく、結局、彼は才女のハートを射止めてしまう。

隠れ基軸通貨の円も、トスカをやめてネモリーノになるといい。愛の妙薬を飲んで、みんなに好かれる通貨になろう。

そこで、問題は、この愛の妙薬の成分である。これについて改めて考えなければいけない。ここでそう簡単に答えの出る話ではない。だから、これは次の課題として筆者の脳内にさしあたり大事にしまっておきたいと思う。

円を隠れ基軸通貨から世界の恋人通貨に変身させるための愛の妙薬探し。それが次の課題だ。かくして、お後がよろしいようで。

おわりに

通貨の正体を追究する旅も、ついに当面の終着駅に到達した。しかし、これが最終的な旅の完了だとは言えそうもない。通貨を追いかける、次の旅はどうなるだろう。いや、先走って次のことばかり考えてはいけない。今回の旅を締めくくらなければ。

最も重要な発見は何だったか。それは、通貨の世界がどこまで行っても「人本位制」の世界だということだ。通貨は人がそれと認知することで初めて通貨になる。

ここで頭に浮かぶのが、かのピーター・パン物語に登場する妖精、ティンカー・ベルのイメージだ。彼女が、ピーターの身代わりになろうとして毒を飲む場面がある。瀕死《ひんし》の彼女を見たピーターが、世界中の子供たちに必死でアピールする。「みんな、妖精がいるって信じてますか？　信じてる人は、お願いだから大きな音で手を叩《たた》いて！」（筆者訳）。拍手の嵐がティンカー・ベルを瀕死の淵から呼び戻す。

通貨は実はティンカー・ベルだった。その正体は妖精だったのである。「信じてますか？」と問われた時に、大きくて力強い拍手が四方八方から返ってくるようなら、その通貨の通貨性は高い。拍手の音が小さくて、まばらになればなるほど、その通貨の通貨性は低下する。やがて、全く拍手が返ってこなくなった時、その通貨は通貨でなくなる。

いつでも、求められれば直ちに力強い拍手が返ってくる。この状態をキープすることが、国々の中央銀行に課せられた責務だ。

もっと言えば、そもそも、拍手を求める呼びかけなどしないで済むようにしておくことこそ、中央銀行の本源的な任務なのだと言えるだろう。「信じてますか？」と問いかけざるを得なくなった時、その通貨の通貨性はすでにして危険水域に入っている。命の危機に直面している。ティンカー・ベルの場合と同じだ。

ところが、近年、多くの国々において、中央銀行たちは、みずからの行動によって通貨という名の妖精の命の希薄化を進めてきた。「量的緩和」と名づけられた金融政策を展開することで、通貨の慢性的過剰供給状態を作りだしてきた。

その先頭に立ってきたのが、二〇一三年以降の日本銀行である。

もはや、国々の法定通貨に信認の拍手は送れない。そう宣言して、別口の妖精を世界に向かって飛び立たせようとしたのが、ナカモト・サトシという謎の存在だった。この謎の存在が、ビットコインなるものを通貨の世界に投入した。

思えば、この人物だか何だかわからない存在（ひょっとするとＡＩかもしれない）には、少々ピーター・パンめいたところがある。純真なのか愉快犯なのか。正義の味方なのか悪ガキなのか。このところ、さっぱり鳴りを潜めているところをみると、実は飽きっぽい性格なのかもしれない。こういうところもピーター・パンっぽい。

この通貨の世界のピーター・パンを先頭に、筆者が「仮装通貨」と名づけた暗号通貨群が飛び立った。当初、その群舞は実に華麗にみえた。人々の目がそこに吸い寄せられた。だが、いまやどうか。「ビットコインを信じますか？」、「イーサリアムを信じますか？」。必死の呼びかけに対して、すっかりパラパラ拍手しか戻ってこなくなってしまった。

だが、その一方で、世に言う「キャッシュレス化」、正確に言えば「現金の電子化」の動きは、急ピッチで進んでいる。電子現金という名の妖精たちと、暗号通貨という名の妖精たちが、大向こうの拍手を確保すべく、ちょっとしたバトルを展開している。その成り行きやいかに。引き続きウォッチしていく必要がある。

最終的に拍手喝采を浴びる通貨的妖精は、どんな存在になるのか。通貨界の妖精ナンバーワンの地位につくのは、誰なのだろう。ひょっとすると、ケインズ先生が命がけで提唱したバンコールがその地位を獲得するかもしれない。本書の旅の中で、この思いを改めて確認した。

次の旅には、どうもピーター・パンを連れていくことになりそうだ。そして、もちろん「仮装通貨」の世界でご一緒したアリスちゃんも。通貨の正体を追う次の旅では、フェアリーランドに深く踏み込むことになりそうだ。その節は、皆さんどうぞまたご一緒下さい。

浜 矩子（はま のりこ）

同志社大学大学院ビジネス研究科教授。一九五二年、東京都生まれ。三菱総合研究所ロンドン駐在員事務所長を経て、二〇〇二年より現職。専門はマクロ経済分析、国際経済、国際金融。おもな著書に『中国経済 あやうい本質』『新・国富論』『洗脳された日本経済』など。

集英社新書〇九六五A

「通貨《つうか》」の正体《しょうたい》

二〇一九年一月二二日 第一刷発行

著者……浜《はま》 矩子《のりこ》
発行者……茨木政彦
発行所……株式会社集英社
東京都千代田区一ツ橋二-五-一〇 郵便番号一〇一-八〇五〇
電話 〇三-三二三〇-六三九一（編集部）
〇三-三二三〇-六〇八〇（読者係）
〇三-三二三〇-六三九三（販売部）書店専用

装幀……原 研哉
印刷所……大日本印刷株式会社 凸版印刷株式会社
製本所……加藤製本株式会社

定価はカバーに表示してあります。

ISBN 978-4-08-721065-1 C0233
Printed in Japan

a pilot of wisdom

集英社新書　好評既刊

堀田善衞を読む　世界を知り抜くための羅針盤
池澤夏樹／吉岡 忍／鹿島 茂／大髙保二郎／宮崎 駿／高志の国文学館・編　0952-F

堀田を敬愛する創作者たちが、その作品の魅力や、今に通じる『羅針盤』としてのメッセージを読み解く。

母の教え　10年後の『悩む力』
姜尚中　0953-C

大切な記憶を見つめ、これまでになく素直な気持ちで来し方行く末を存分に綴った、姜尚中流の〝林住記〟。

限界の現代史　イスラームが破壊する欺瞞の世界秩序
内藤正典　0954-A

スンナ派イスラーム世界の動向と、ロシア、中国といった新「帝国」の勃興を見据え解説する現代史講義。

三島由紀夫　ふたつの謎
大澤真幸　0955-F

最高の知性はなぜ「愚か」な最期を選んだのか？ 全作品を徹底的に読み解き、最大の謎に挑む。

写真で愉しむ　東京「水流」地形散歩
小林紀晴／監修・解説　今尾恵介　0956-D

旅する写真家と地図研究家が、異色のコラボで地形の原点に挑戦！ モノクロの「古地形」が哀愁を誘う。

除染と国家　21世紀最悪の公共事業
日野行介　0957-A

原発事故を一方的に幕引きする武器となった除染の真意を、政府内部文書と調査報道で気鋭の記者が暴く。

中国人のこころ　「ことば」からみる思考と感覚
小野秀樹　0958-B

中国語を三〇年以上研究してきた著者が中国人に特有の思考様式や発想を分析した、ユーモア溢れる文化論。

慶應義塾文学科教授　永井荷風
末延芳晴　0959-F

「性」と「反骨」の文学者、その教育者としての実像と文学界に与えた影響を詳らかにした初めての評論。

一神教と戦争
橋爪大三郎／中田 考　0960-C

西欧思想に通じた社会学者とイスラーム学者が、衝突の思想的背景に迫り、時代を見通す智慧を明かす。

安倍政治　100のファクトチェック
南 彰／望月衣塑子　0961-A

第二次安倍政権下の発言を○、△、×で判定。誰がどのような「嘘」をついたかが、本格的に明らかになる！